Bontrup/Fränzel · Die Ernst Höllerhagen Story

**Heiner Bontrup**, geboren 1960, hat in Wuppertal Literaturwissenschaft und Philosophie studiert und war Lehrbeauftragter an der Universität Wuppertal für Didaktik der Philosophie. Er hat bundesweite Bildungsprojekte und -wettbewerbe konzipiert. Nach dem Studium Ausbildung zum Fachzeitschriftenredakteur, danach Presse- und Öffentlichkeitsreferent der Stadt Duisburg. Heute arbeitet er als Lehrer sowie als Autor und freier Kulturjournalist. Redaktionelle Mitarbeit an verschiedenen Literaturanthologien. Koautor des Buchs »Sounds like Whoopataal – Wuppertal in der Welt des Jazz«. Mit »German Song«, »Jazz unterm Hakenkreuz – die Ernst Höllerhagen-Story« und »Der Abend kommt als Kubist« schrieb er Hörstücke, die an verschiedenen Bühnen aufgeführt wurden. Heiner Bontrup ist Stellvertretender Vorsitzender der Else-Lasker-Schüler-Gesellschaft.

**Ernst Dieter Fränzel,** Kulturarbeiter / Medienpädagoge.
Geboren 1935 in Wuppertal, hat er seit den 1960er Jahren Konzerte und Festivals organisiert. 1958 gründete er die Interessengemeinschaft Jazz Wuppertal, ab 1968 war er Leiter des Aktionszentrums »impuls«, 1974 Mitbegründer des Kommunikationszentrums Wuppertal »die börse«. In der Folgezeit war er Projektleiter in der kommunalen Kulturarbeit in Unna und in Wuppertal.
In der Peter Kowald Gesellschaft ist er als Sprecher des Beirats engagiert, für die Cragg Foundation konzipiert er als Kurator die Konzertreihe »KlangArt im Skulpturenpark« in Wuppertal.
Er ist Autor von Veröffentlichungen zur Jazzmusik, zu Kommunikationszentren und Soziokultur und ist Herausgeber des Buches »Sounds like Whoopataal – Wuppertal in der Welt des Jazz«. E.Dieter Fränzel arbeitet am Aufbau eines Archivs zur regionalen Kulturgeschichte des Jazz.

Heiner Bontrup & E. Dieter Fränzel

Wiederentdeckung einer Swing-Legende

# Die Ernst Höllerhagen Story

Ein Jazzmusiker zwischen
Nationalsozialismus und Wirtschaftswunder
Mit Diskographie 1934-1955

NordPark

**Bibliografische Information der Deutschen Nationalbibliothek**
Die Deutsche Nationalbibliothek verzeichnet diese Publikation in der Deutschen Nationalbibliografie; detaillierte bibliografische Daten sind im Internet über http://dnb.d-nb.de abrufbar.

Originalausgabe
2. Auflage 2011

Umschlaggestaltung: Klaus Untiet
wppt:Kommunikation
Gesetzt in der Sabon
Herstellung: Books on Demand GmbH, Norderstedt
Printed in Germany
ISBN 978-3-935421-42-3
NordPark Verlag · Klingelholl 53 · D-42281 Wuppertal
*www.nordpark-verlag.de*

# Inhalt

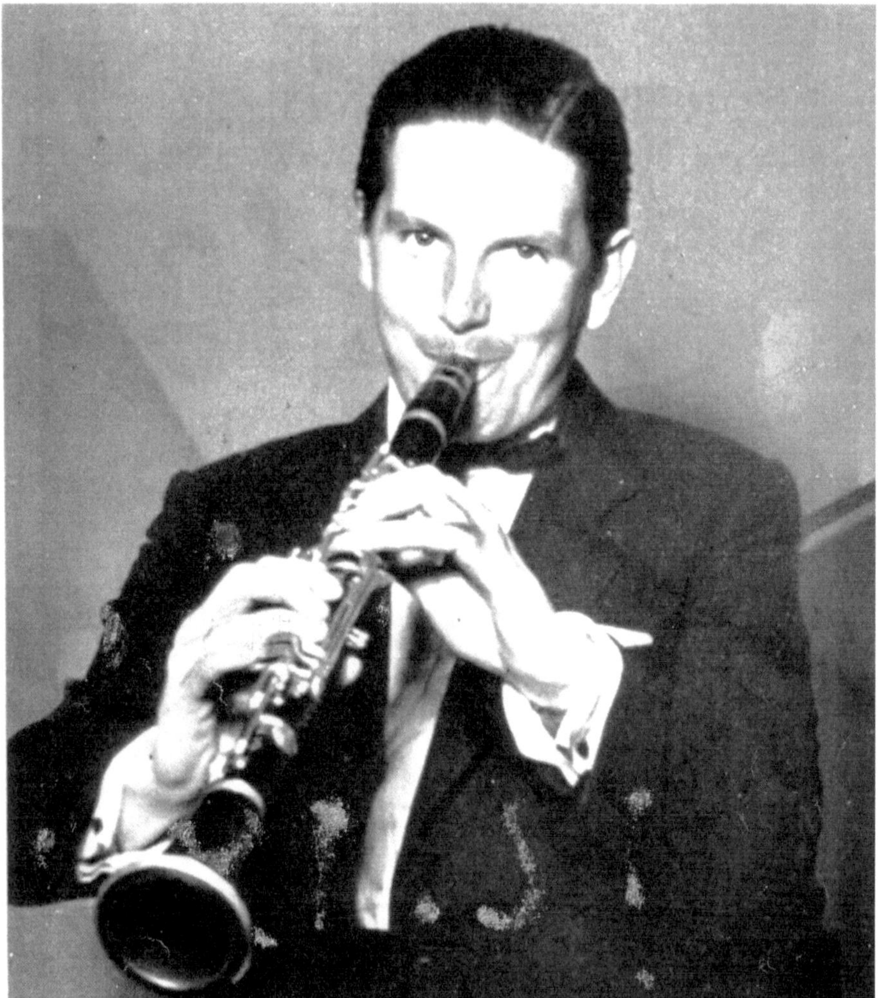

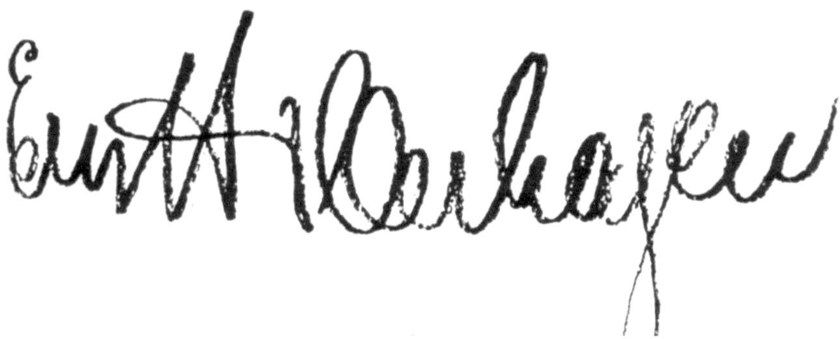

# Vorwort

Der Name Ernst Höllerhagen ist in der Musikgeschichte weitgehend in Vergessenheit geraten, obwohl er in der Mitte des zwanzigsten Jahrhundert wie zur Zeit der Swingära für die europäische Jazzwelt einen sehr guten Klang hatte. Unzählige Plattenaufnahmen zeugen davon, wie gefragt der begabte Klarinettist und Saxophonist sowohl als Solist als auch im Ensemblespiel der großen Swing- und Tanzorchester war.

Bereits in dem von E. Dieter Fränzel und Rainer Widmann herausgegebenen Buch »Sounds like Whoopataal« – Wuppertal in der Welt des Jazz« (Klartext Verlag, Essen 2006) ist ein Kapitel der Lebensgeschichte Ernst Höllerhagen gewidmet. Warum nun noch eine eigene Publikation? Zum einen haben unsere Nachforschungen weitere interessante Episoden aus Höllerhagens Leben zutage gefördert, zum anderen können wir nun die Biographie durch eine umfassende Diskographie ergänzen. Nach dem Stand unserer Recherchen hat Ernst Höllerhagen im Zeitraum von ersten Aufnahmen 1934 in Holland bis 1955 in der Schweiz insgesamt 550 (!) Titel mit bekannten Orchestern und unter seinem Namen auf Platten veröffentlicht, die heute als Schellack-Schätzchen Sammler-Raritäten sind. Nur wenige Stücke wurden später auf Langspielplatte, ein Teil auf CD wieder aufgelegt.

Drei Generationen nach seinem Freitod löste sich die Lebensgeschichte Höllerhagens im Nebel privater Erinnerungen der Menschen auf, die Höllerhagen noch persönlich erlebten und auf seinem Lebensweg begleiteten: die Schwester Ernst Höllerhagens, Martha Blockhaus, und Hazy Osterwald, dessen

Showband Höllerhagen bis zu seinem Tod angehört hat und mit dem ihn eine wunderbare Freundschaft und eine tragische Liebesgeschichte verbanden. Diese Zeitzeugen haben wir interviewt. Darüber hinaus folgte E. Dieter Fränzel den Spuren Höllerhagens im Dickicht der Jazz-Archive in Wuppertal, Darmstadt, den Niederlanden und in der Schweiz.

Durch die Lektüre von zeitgenössischen Rezensionen, Covertexten zu den Platten und Literatur zur Geschichte des Jazz in Deutschland und Europa konnten wir das Musikerleben Ernst Höllerhagens weitgehend zurückverfolgen und mosaiksteinartig zusammenfügen. Immer wieder hörten wir die Originalaufnahmen aus den 30er bis 50er Jahren und so rückte uns ein Stück Zeitgeschichte und -atmosphäre näher, ohne die wir die Geschichte seines Lebens so nicht hätten erzählen können. Je länger wir uns mit der Lebensgeschichte Ernst »Erni« Höllerhagens beschäftigten, umso mehr hatten wir das Gefühl, dass uns da im Zuge unserer Recherchen ein Mensch erstaunlich nahe kam.

Die Lebensgeschichte Ernst Höllerhagens, der am 5. Oktober 1912 in Wuppertal-Barmen geboren wurde, ist auch eine Zeitreise in das Berlin der 30er Jahre und zeigt sowohl den Wahnsinn als auch die inneren Widersprüche der nationalsozialistischen »Kulturpolitik«, für die Jazz und Swing »entartete Musik« war.

Bereits als Jugendlicher verdient sich Ernst »Erni« Höllerhagen sein Taschengeld als Kinomusiker. Mit nur 18 Jahren beginnt er seine musikalische Karriere in Hamburg; zwei Jahre später wird er bereits zum besten Saxophonisten Deutschlands gekürt.

Jazzjournalisten waren von seinem brillanten Spiel begeistert und erklärten ihn zum »europäischen King of Swing«. Charly Short, der Bassist von Benny Goodman, dem großen Vorbild Höllerhagens, schrieb in dem englischen Jazz-Magazin Melody-Maker: »In Kopenhagen hörten wir einen deutschen Klarinettisten, der alles spielte, was Benny Goodman spielte – nur besser.« Selbst wenn man diesem Urteil folgen will, bleibt doch festzuhalten, dass eben Benny Goodman das Original war – und Höllerhagen die Kopie, der allerdings mit der Zeit sein eigenes Profil auf der Klarinette fand. Andererseits muss erinnert werden, dass es außer Django Reinhardt in der ersten Hälfte des vorigen Jahrhunderts keinen stilbildenden europäischen Jazzmusiker gab.

Dass Höllerhagen im nationalsozialistischen Deutschland sich mit Benny Goodman einen jüdischen Musiker, dessen Spiel als »entartet« galt, zum Vorbild nahm, macht ihn weder zu einem Avantgardemusiker noch zu einem Helden des Widerstands. Swing und Jazz, das war Ausdruck eines Lebensgefühls – und eines ästhetischen Bewusstseins: Die Leichtigkeit und die komplexe rhythmische Struktur des Jazz passen nicht zum Marschrhythmus. Erst durch die Verbote und Verfolgung der Nazis wurden die Protagonisten und Anhänger dieser Musik politisiert. Auf die Frage: »Sind Sie Nationalsozialist?« hat Ernst Höllerhagen bezeichnenderweise so geantwortet: »Nein, – ich bin Saxophonist!«

Das Berührende an der Biographie Höllerhagens – ein Leben swingend zwischen musikalischen Höhenflügen und Abstürzen im Privaten – ist, dass er sich und der Liebe zu seiner Musik in den entscheidenden Augenblicken seines Lebens treu geblieben ist. Davon erzählt diese Biographie – und vom Jazz und Swing in den verrückten Zeiten der ersten Hälfte des vorigen Jahrhunderts.

Heiner Bontrup / E.Dieter Fränzel

# Die Ernst Höllerhagen Story

Interlaken, Schweiz: An einem warmen Sommermorgen des 11. Juli 1956 setzt der Jazzmusiker, Entertainer und Bandleader Hazy Osterwald eine Probe an. Eine neue Eigenkomposition soll einstudiert werden. Fünf Musiker des Sextetts sind versammelt. Einer fehlt: Ernst Höllerhagen. Das ist ungewöhnlich; Höllerhagen ist stets als Erster da und spielt sich warm für die Probe. Die Band macht sich auf die Suche, man klopft an der Zimmertür. Da kein Lebenszeichen aus dem verriegelten Raum dringt, entschließen sich die Musiker, die Tür gewaltsam zu öffnen. »Wir fanden ihn aufgehängt, tot in der Toilette.«

Nahezu ein halbes Jahrhundert später erinnert sich ein 83-jähriger Mann in einem Hotelzimmer irgendwo in der niederrheinischen Provinz an den Tag, an dem sein Freund und langjähriger musikalischer Wegbegleiter Ernst Höllerhagen freiwillig aus dem Leben schied. Für Osterwald, der sich auf einer Konzert-Tournee befindet und seine Zuhörer auf eine nostalgische Reise in die Swing-Ära der Nachkriegszeit

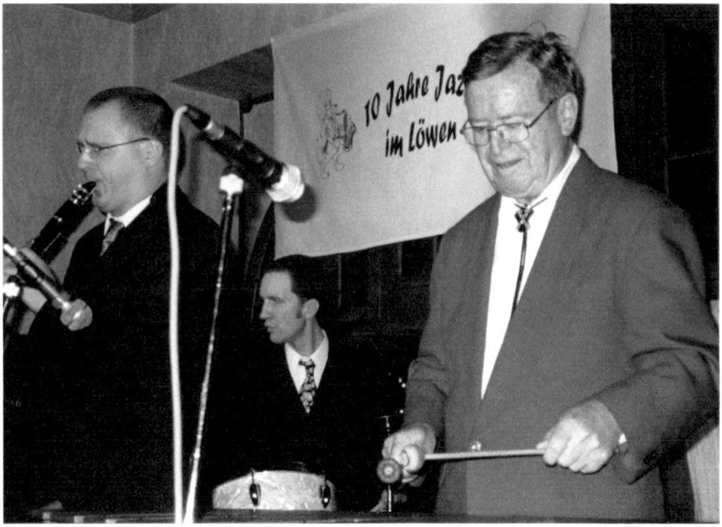


*Hazy Osterwald mit Engelbert Wrobel (cl) und Oliver Mewes (dr.). 2002 in Kevelaer. In der Konzertpause erzählte Hazy Osterwald über seine Erinnerungen an den Freund und langjährigen musikalischen Wegbegleiter Ernst Höllerhagen*

mitnimmt, gleitet das Damals während dieser Spielpause langsam zurück in die Gegenwart: »Es war ein schrecklicher Moment. Kein Mensch hätte daran gedacht. Er war beliebt, man hatte ihn gern, den Ernst. Nicht nur Leute, die Musikkenner waren und ihn bewunderten, auch andere Menschen, die ihn einfach gern hatten. Er war ein herrlicher Kerl. Ich hatte auch meine Zwiespälte mit ihm. Manchmal. Aber wir waren Freunde und liebten uns mit der Musik.«

In der Erinnerung tauchen die Gespenster wieder auf, die Höllerhagen in jener Zeit immer häufiger aufsuchten. »Der Ernst war mit uns im Zimmer und erzählte, er hätte geträumt, er wäre in die Aare gesprungen. Und ich sagte darauf, dass er überlastet sei, und habe ihm vorgeschlagen, in zwei Tagen mit mir in die Ferien nach Italien zu kommen. Er schien damit ganz zufrieden zu sein. Doch am nächsten Tag sagte er wieder, er hätte Depressionen, fühle sich nicht gut. Ich sagte dann zu ihm: ›Geh doch mit dem Dennis (Dennis Armitage war der Saxophonist der Band) auf ein Zimmer, dass ihr miteinander sprechen könnt.‹ Er sollte sich nicht einsam fühlen, der Ernst.«

Ob es die Einsamkeit war, die Höllerhagen in den Freitod getrieben hat? Höllerhagens große Liebe und Ex-Frau Gret ist schon vor etlichen Jahren in die USA gegangen. Gesehen hat er sie seitdem nicht mehr, auch die gemeinsame Tochter bleibt für den Musiker eine Verschollene. Verwandte sind nicht in der Nähe. Das unstete Wanderleben der Musiker. Die Kontakte zu den Familienangehörigen in Deutschland sind im Schweizer Exil lose geworden. Höllerhagens Heimat war der Jazz.

Auf seinem letzten Gang wird Ernst Höllerhagen von zahllosen Menschen begleitet. Der Musiker wird neben der Tochter von Mendelssohn beerdigt. Im Kondolenzbrief schreibt Hazy Osterwald an Martha Blockhaus, die Schwester des Verstorbenen: »Tausende von seinen Freunden im In- und Ausland waren erschüttert von der Kunde, und von weither sind die Menschen zu seiner Beerdigung angereist. Unendlich viele Blumen und Kränze zeugten davon, wie sehr er überall beliebt war. Wir alle, die über Jahre lang mit ihm gelebt haben, werden ihn im steten besten Andenken bewahren.«

## »Jung, wenn du musikalisch bist, dann tu datt doch.«

### *Kindheit und Jugend im Wuppertal*

Heute sind die Lebensspuren des Klarinettisten fast verwischt, und von dem einstigen Ruhm ist nichts mehr übrig geblieben. Der Swingmusiker aus Wuppertal scheint nurmehr eine Fußnote der Jazz-Geschichte zu sein. Nur wenige erinnern sich heute noch an das Ausnahmetalent des deutschen Jazz und den Menschen, der so früh – mit 44 Jahren und auf dem Höhepunkt seiner Karriere – aus dem Leben schied.

Doch es lohnt sich, diesen Spuren zu folgen, die in Wuppertal-Barmen ihren Anfang nahmen.

Thomas Mann hatte gerade begonnen, am *Zauberberg* zu schreiben, dem Schwanengesang auf die untergehende Welt der Belle Epoque. Einstein hatte sieben Jahre zuvor die Relativitätstheorie aufgestellt; fortan war die Zeit kein langsamer ruhiger Fluss mehr – was sie auch vorher nicht war. Doppeldecker und Zeppeline kreisten zuweilen am Himmel. Europa befand sich am Vorabend des Ersten Weltkriegs.

Höllerhagen wird in seinem kurzen Leben eine Welt im politischen, gesellschaftlichen und kulturellen Umbruch erleben: das wirtschaftliche Elend der Weimarer Republik, das vermeintliche Zwischenhoch der sogenannten goldenen 20er Jahre, Inflation und Weltwirtschaftskrise, den Beginn der Nazi-Barbarei nach der Machtergreifung 1933. Den Zweiten Weltkrieg verfolgt der Musiker im Windschatten der Geschichte, im Schweizer Exil. In Hitler-Deutschland ist

Swing-Tanzen politisch unkorrekt, und Jazz wird wahlweise als entartete Nigger- oder Juden-Musik verpönt. Indessen boomt der Jazz in den USA. Deutschland wird während der zwölfjährigen Dauer des »Tausendjährigen Reiches« zum Teil vom Strom des Jazz abgeschnitten sein, einer Musik, die zum Sound dieses verrückten 20. Jahrhunderts wird.

Höllerhagen ist ein Kind seiner Zeit, aber in manchen Dingen ist er ihr auch voraus: Schon in den frühen 30er Jahren ist Benny Goodman, der herausragende Klarinettist und musikalische Botschafter seines Landes, das Vorbild des Barmer Klarinettisten – kurz bevor in Deutschland der Jazz verstummt und lange, lange bevor »Sing, Sing, Sing« oder »Stompin At The Savoy« des King of Swing durch die Dampfradios des Wirtschaftswunderlandes rauschte.

**Doch der Reihe nach:**

Am 5. Oktober 1912 wurde Ernst Höllerhagen in Barmen geboren. In der Familie wird der Junge stets »Erni« gerufen, ein Kosename, der ihm sein ganzes Leben lang anhängen wird. Seine Stiefschwester Martha Blockhaus erinnert sich: »Der Großvater hieß Ernst, also lag es in der damaligen Familientradition, dass immer der erstgeborene Sohn den Namen des Vaters bekam. Da damals noch alle lebten, wurde er als Kleiner eben Erni genannt.« Die Freunde riefen ihn ein Leben lang so; nur Hazy Osterwald nannte ihn manchmal liebevoll »Ernstl«.

Das musikalische Talent und der Hang zum Entertainment lagen offenbar in der Familie. Schon der Vater, ein Postbeamter, spielte Klavier. Martha Blockhaus erzählt: »Wenn unser Vater in seinem Stammlokal war, ging er ans Klavier und hat die Leute unterhalten. Er spielte gern in den Restaurants und

Weinlokalen.« Als Kind bekommt Erni ersten Geigenunterricht. »Im Grunde genommen ist ihm das angeboren, dieses Talent. Mit acht Jahren hat Erni die erste Geige bekommen und angefangen zu spielen. Ich erinnere mich an die Wohnung, wo meine Großmutter mit ihrer Tochter in Solingen gelebt hat. In dem Wohnzimmer stand in der Ecke ein Vertiko. Da hat Erni seine Noten draufgestellt und hat dann lustig gefiedelt. Das muss ein ganz putziges Bild gewesen sein. Er konnte kaum drauf schauen und musste sich auf die Zehen stellen, um die Noten lesen zu können.«

Später kamen dann die anderen Instrumente hinzu: Akkordeon, Saxophon und Klarinette. Obwohl die Klarinette sein Lieblingsinstrument werden sollte, hat er auch in seiner späteren Zeit als Musiker immer wieder Geige gespielt.

1924 – Erni ist gerade zwölf Jahre alt – nimmt sich seine Mutter das Leben. Wie ein Schatten scheint sich von nun an diese schlimme Erfahrung über das Leben des Musikers zu legen: »Es war schlimm. Er ist wohl nach Hause gekommen und hat seine Mutter erhängt in der Wohnung aufgefunden. Und wie unser Vater sagte, muss da schon etwas in der Familie gewesen sein, eine Art Erbfaktor.« Vater Ernst heiratet zwei Jahre später wieder. 1930, Erni ist bereits 18 Jahre alt, kommt Martha, seine Stiefschwester, zur Welt. Von Depressionen scheint Erni zunächst nicht heimgesucht zu werden. Doch: Wer weiß das schon? Nicht nur menschlich ist es für Erni eine schwere Zeit: die Kinder- und Jugendjahre ohne Mutter.

Auch die politischen und sozialen Verhältnisse sind belastend. Wirtschaftlicher Mangel und Inflation drücken die Stimmung. Erst in den scheinbar »Goldenen Jahren« von 1924 bis 1929 kommt es zu einem gewissen wirtschaftlichen Aufschwung, der auch in den aufstrebenden Industrie- und

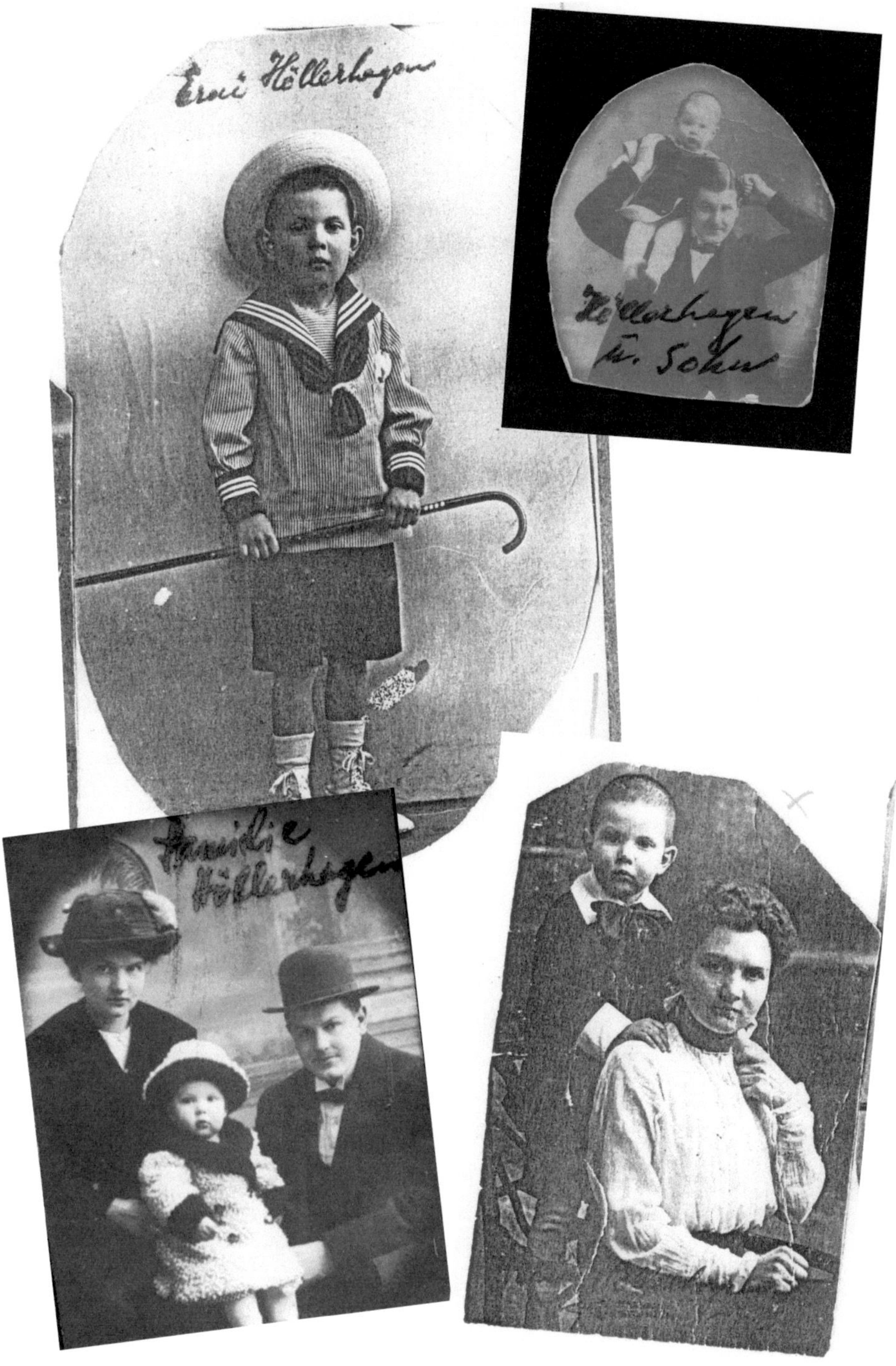


*Aus dem Familienalbum von Martha Blockhaus, Ernst Höllerhagens Schwester*

Handelsstädten Barmen und Elberfeld, die sich erst 1929 zur Großstadt Wuppertal vereinigen sollten, spürbar wird. Kinos, die damals noch Lichtspielhäuser heißen, boomen. Die Stummfilme sind auf musikalische Untermalung angewiesen, und Nebenbeschäftigungen sind heiß begehrt. Erni ist noch ein halbes Kind, da steht der Junge schon auf den Bühnen der Kinos. Höllerhagen-Biograph Wolfgang Muth schreibt, dass Kino-Ensembles die ersten musikalischen Stationen des 13-Jährigen waren: »Pflegte man in großen Häusern dezente Pausenunterhaltung per Orgel oder Salonorchester, so eröffneten sich im hemdsärmeligen Milieu der ›Kientöppe‹ völlig andersartige Möglichkeiten musikalischer Produktion. Dort waren dem Ideenreichtum der Kinomusiker kaum noch Grenzen gesetzt, wenn es darum ging, im Verein mit rhetorisch überschäumenden Filmerklärern die oftmals nicht üblen Gags der Helden aus der Stummfilmzeit mit einem eindrucksvollen Background zu versehen. Und dem Knaben machte es Spaß, mit dem niemals lächelnden Buster Keaton, dem in schwindelnden Höhen balancierenden Harald Lloyd oder dem in letzter Sekunde seiner Verfolgerschar entwischenden Charles Spencer Chaplin im Programm zu sein.«

Gerne stellt man sich vor, wie das junge Jazztalent Höllerhagen synchron zum Film auf dem Saxophon oder der Klarinette improvisiert und sein musikalisches Repertoire entwickelt: Vorstellungen, die sich zur Legendenbildung eignen – wie so viele Ereignisse im Leben dieses Musikers, deren historischer Wahrheitsgehalt sich heute nicht mehr genau ermitteln lässt. Tatsache ist jedenfalls, dass der junge Erni Jahre später den Sprung von der Bühne des Stummfilms auf die Leinwand des neuen Tonfilms schaffte, wo ihn nun ein Massenpublikum sehen und hören (!) konnte. Ernis Schwester Martha: »Ich kann mich erinnern, dass ich im

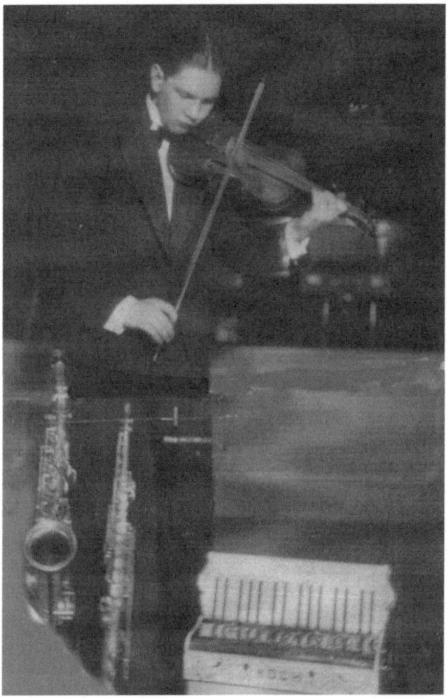

*Ernst Höllerhagen 1929: mit 17 Jahren bereits ein Multitalent*

*Modernen Theater* in Elberfeld die bekannte Schauspielerin Anny Ondra in einem Film gesehen habe. Ich durfte zu jeder Vorstellung reingehen und weiß noch, dass mein Bruder im Film einen Auftritt hatte. Erni saß auf einem Rondell, das drehte sich, und er stand darauf und spielte Saxophon.«

Erni scheint als Jugendlicher nur zwei Dinge im Kopf zu haben: Musik und Fußball. Für den LSV, den Langerfelder Sportverein, steht der Gymnasiast zwischen den Pfosten. Ein Fußballnarr – wie auch sein späterer Freund Hazy Osterwald, dessen Vater Schweizer Nationalspieler war. Tempo, Zusammenspiel und Sinn für Show – vielleicht sind es diese Dinge, die den jungen Höllerhagen gleichermaßen für Swing und Fußball begeistern.

»Unser Vater wünschte sich zwar, dass Erni Jura studiert, doch dass er Musiker werden wollte, das stand von Anfang an fest. Auch dass die Schule für ihn vollkommen verlorene Zeit war und er praktisch sein ganzes Leben nur dem Sport und der Musik gewidmet hat. Darum hat er auch sein Abitur nicht gemacht.« Väterlicher Widerstand ist zwecklos, Ernis Leidenschaft ist zu groß: »Mein Vater sagte, er hätte mit Engelszungen reden können, ein Jura-Studium kam für Erni nicht in Frage.«

Mit siebzehn beginnt Höllerhagen seine professionelle Ausbildung als Musiker am »Cölnischen Conservatorium«. Die rheinische Metropole bietet mit ihren zahlreichen Nachtbars viel Abwechslung und vor allem Erwerbsquellen: für junge Musiker der beste und einfachste Weg, um an Geld zu kommen. Mit dem am Conservatorium vermittelten Berufsethos sind solche Engagements allerdings nur schwer in Einklang zu bringen. Es ist absehbar: Die leichte Muse, Swing und Jazz, das ist die musikalische Heimat Höllerhagens. So wird in der Schule des Lebens aus dem talentierten Geiger ein Jazzmusiker, ein Saxophonist und Klarinettist.

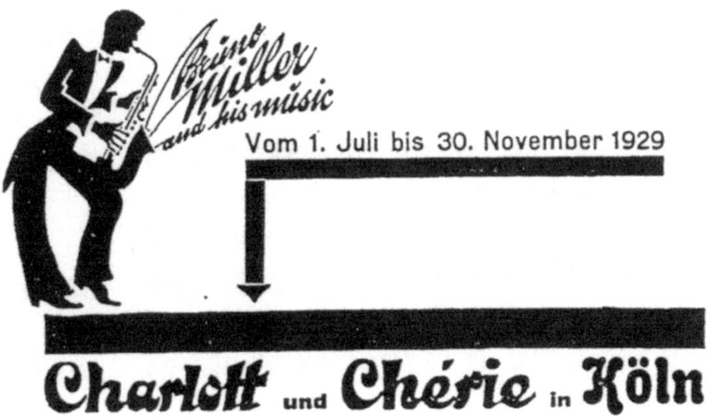

Seine erste Klarinette bekam der junge Höllerhagen von dem Wuppertaler Berufsmusiker Karl Bierwirth, der ebenfalls Violine und Saxophon spielte. Dessen Sohn, Hans Joachim, erinnert sich, dass sein Vater Karl im Kreise der Familie häufig auf Erni Höllerhagen zu sprechen kam: »Die haben sich beim ›*Rautenbach*‹ getroffen. Das war so eine Musikerkneipe am Islandufer. Und dann hat Höllerhagen wohl den Wunsch geäußert, Klarinette zu lernen. ›Ja‹, sagte er, ›Jung, wenn du musikalisch bist, dann tu datt doch.‹ ›Ja, aber ich habe doch kein Instrument.‹ Daraufhin mein Vater: ›Das kannst du von mir kriegen. Fünf Mark, dann haste eine.‹«

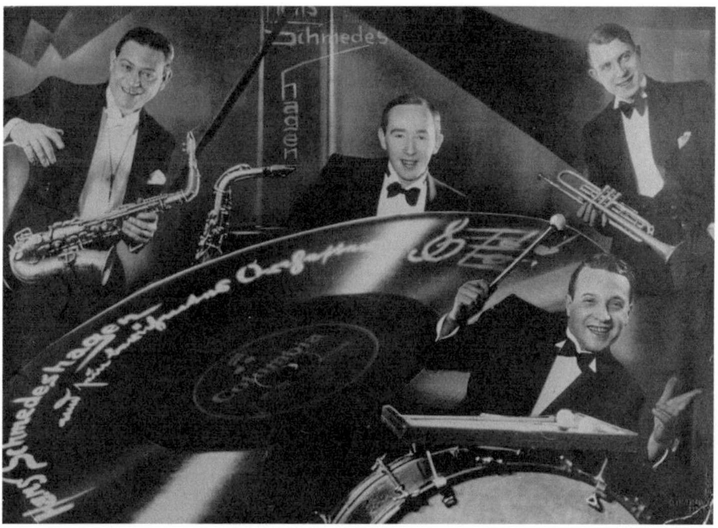


*Kapelle Hans Schmedeshagen (p) mit Karl Bierwirth (as); Wuppertal (Elberfeld) ca. 1925*

Nach seiner Ausbildung am Cölnischen Conservatorium, nach Tingeltangel-Jahren und Kintop-Engagements startet der noch nicht volljährige Ernst Höllerhagen seine Karriere als Musiker. Seine erste Station ist 1930 das Tanzorchester von Max Tichauer in Hagen. Ein Jahr später spielt Höllerhagen schon in Hamburg. Bruno Miller & His Band ist seine erste Anlaufstation in der Hafenstadt, eine gute Band mit einer ausgeprägten Neigung zum heißen Stil, der sich durch ausgiebiges Chorus-Spiel und gelegentliche Kollektivimprovisationen auszeichnet: für damalige Verhältnisse modern und ambitioniert. Qualitäten, die sich schnell herumsprechen und zu einem Kontrakt mit dem Hamburger »Café Heinze« am Millerntor führen.

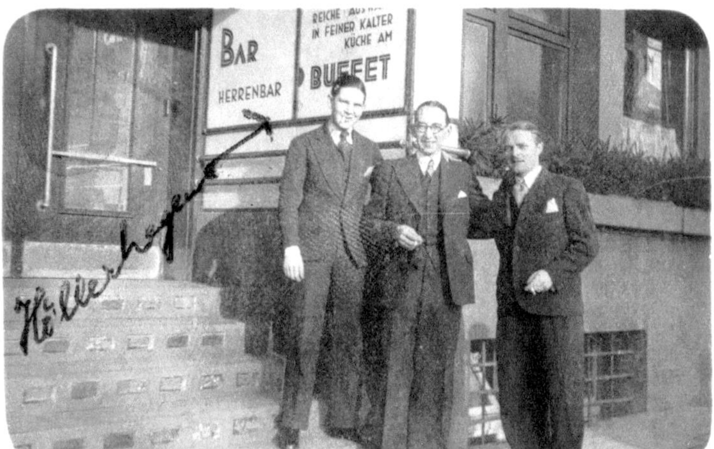


*Café Heinze, Hamburg 1931*

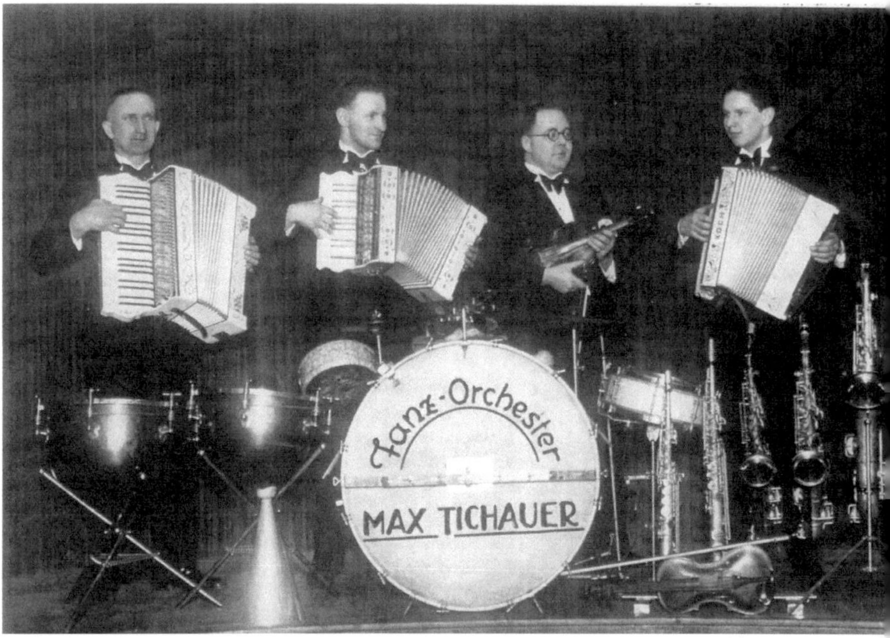


*Tanz-Orchester Max Tichauer; 1930. Ernst Höllerhagen (rechts)*

*Bruno Miller-Band; 1931. Ernst Höllerhagen (3. von rechts)*

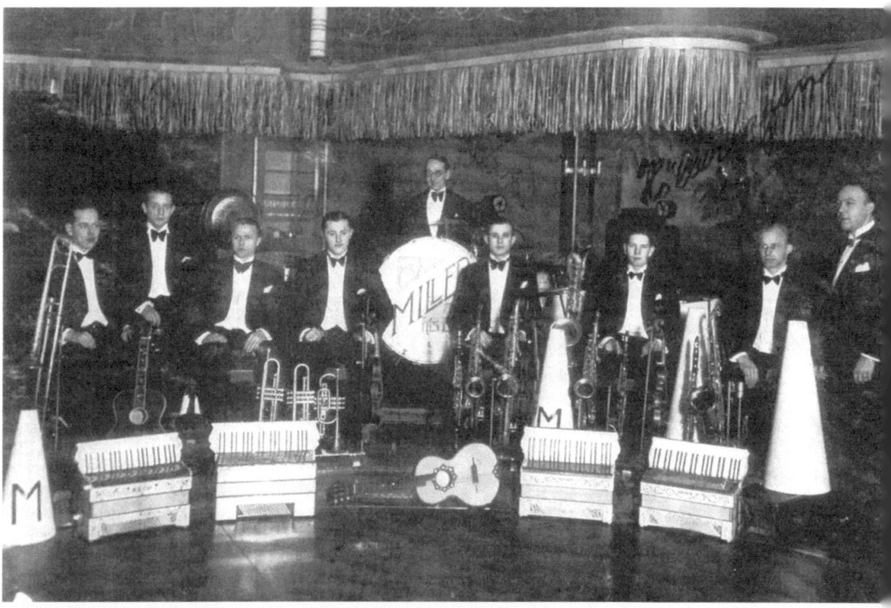

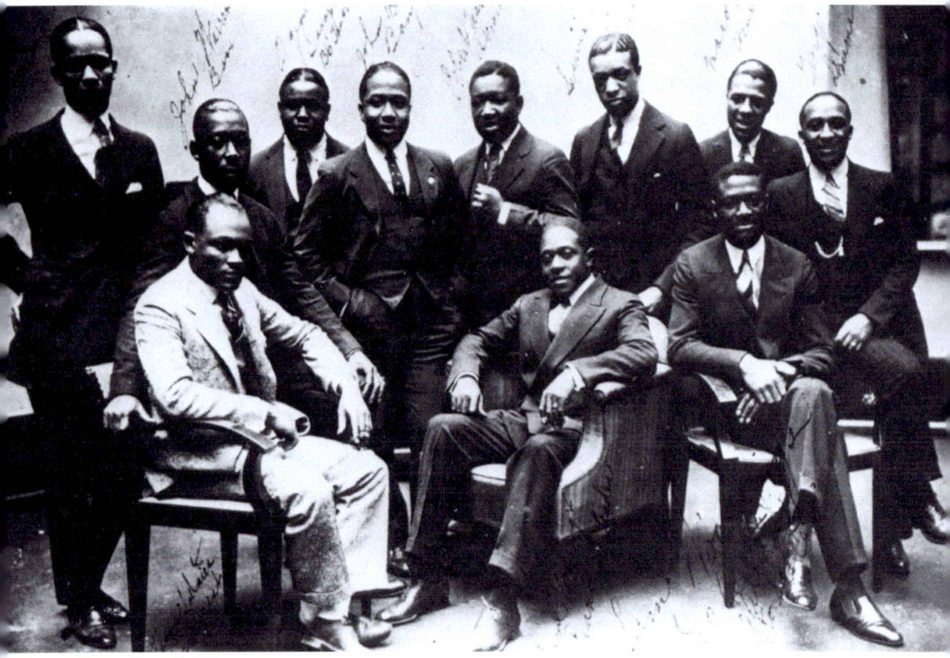

*Sam Wooding Orchestra*

## Jammen mit Sam Wooding
## Legende um eine Jazz-Legende

Höllerhagen war erst 19, da zeigte sich schon einer der größten Jazzmusiker der 20er und 30er Jahre beeindruckt vom Spiel des deutschen Saxophonisten. Jedenfalls berichtet das Wolfgang Muth, der in seiner Höllerhagen-Biographie schreibt, dass die Swing-Legende Sam Wooding den erst 19 Jahre alten Erni Höllerhagen in sein Orchester geholt habe. Sogar ins Meta-Zentrum des Jazz, nach New York, habe er den Barmer Jung mitnehmen wollen. Doch wie wahrscheinlich ist diese These?

Sam Wooding tourte in den 20er Jahren mit seinem ausschließlich mit schwarzen Musikern herausragend besetzten Orchester quer durch Europa. Seine elfköpfige Band repräsentierte den schwarzen Jazz voller Stolz und Noblesse in der Alten Welt. Die Bühnen der großen, glänzenden Varietés und Unterhaltungstheater gaben den Rahmen für seine umjubelten Auftritte ab. Ihre glanzvolle Deutschland-Premiere feierten Wooding und seine Band am 25. Mai 1925. Mit den *Chocolate Kiddies*, einer »Neger-Revue«, im Berliner *Admirals-Palast*: ein gesellschaftliches Ereignis, an dem nicht nur die Hautevolee teilnahm; auch Komponisten der klassischen Moderne wie der Hindemith-Schüler Ernst Krenek hörten und sahen Sam Wooding mit seinen schwarzen Musikern zum ersten Mal in der swingbegeisterten Metropole. Krenek war hingerissen und ließ sich zu seiner auch in den USA überaus erfolgreichen Oper »Johnny spielt auf« inspirieren, in deren Mittelpunkt ein schwarzer Jazzband-Geiger steht.

Das Plakat für Kreneks Jazzoper wurde zynischerweise 13 Jahre später zur Vorlage für das berühmt-berüchtigte Plakat zur Ausstellung »Entartete Musik«, die von den Nazis 1938 im Rahmen der Reichsmusiktage in Düsseldorf organisiert wurde. Dort war die Karikatur eines schwarzen Jazzmusikers zu sehen, der einen Davidstern im Knopfloch trägt. Interessanterweise prägte dieses Plakat im Sinne der nationalsozialistischen Propaganda die kollektive Vorstellung von »entarteter Kultur« weitaus stärker als das Plakat zur eigentlich wichtigeren Ausstellung zur »Entarteten Kunst«, die Hitler selbst ein Jahr zuvor in München eröffnet hatte. Als die Nazis 1938 nach dem »Anschluss« Österreichs an das III. Reich in Wien ein Aufführungsverbot der Jazzoper erwirken, emigriert Ernst Krenek in die USA, wo »Johnny spielt auf« ein großer Erfolg wird.

Für das alte Europa muss die Begegnung mit Sam Wooding und den *Chocolate Kiddies* faszinierend gewesen sein, befriedigte sie doch das Bedürfnis nach einem Hauch von Exotik: Zwischen 1925 bis 1931 kam die Wooding-Band immer wieder zu Gastspielen aus den USA in deutsche Großstädte. Zusätzliche Einnahmen sicherte sich die Band durch Plattenverträge, etwa mit der Berliner Schallplattenfirma Vox, der Deutschen Grammophon und der französischen *Polydor*. Ein Engagement bei Sam Wooding wäre also für den jungen Höllerhagen eine Sensation gewesen und *die* Chance, »eine erste Brise wirklicher Jazzatmosphäre aufzunehmen«, so Wolfgang Muth, freilich ohne zu sagen, wo und wann das Zusammenspiel stattgefunden haben soll. Dass Höllerhagen bei Wooding gespielt hat, ist indes so unwahr-

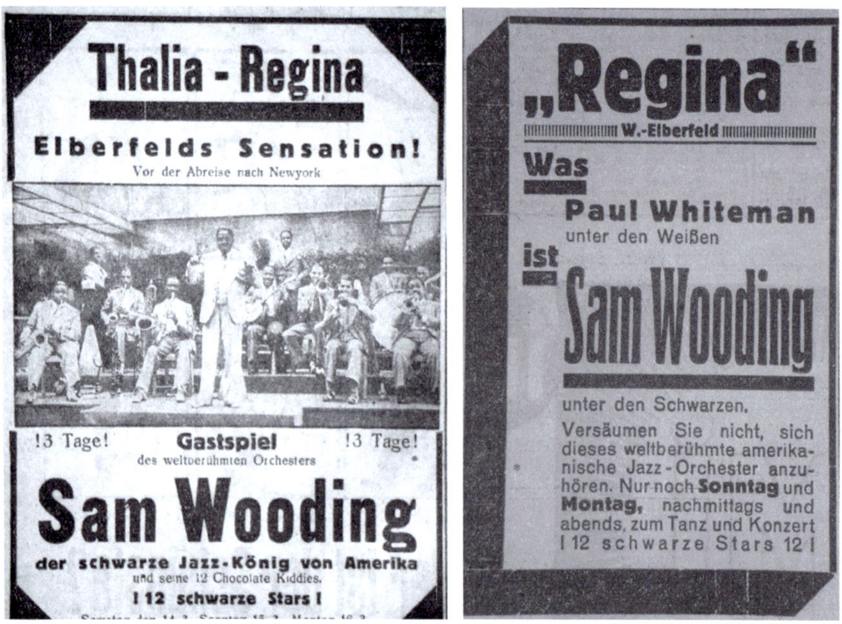


*Aus dem General-Anzeiger 1931*

scheinlich nicht. Zu einer Begegnung zwischen den beiden Musikern könnte es sogar in Höllerhagens Heimatstadt Wuppertal gekommen sein, denn das Orchester des schwarzen Bandleaders spielte im März des Jahres 1931 im Elberfelder *Thalia-Theater.* Möglicherweise kam es aber auch etwa zur gleichen Zeit im nahe gelegenen Dortmund zum Zusammenspiel, wie der Jazz-Historiker Horst H. Lange vermutet.

Ob Spekulation, Legende oder Wahrheit, das ist heute kaum noch zu klären. Angesichts der zahlreichen Hinweise unterschiedlicher Autoren ist eine musikalische Begegnung des Botschafters des schwarzen Jazz, Sam Wooding, mit dem Talent des deutschen Jazz, Ernst Höllerhagen, jedenfalls sehr wahrscheinlich. Wichtiger als die Frage, wann und wo die beiden einander trafen und miteinander spielten, ist die Bedeutung, die diese Begegnung für Höllerhagen gehabt haben dürfte: Der Barmer Musiker hatte die Luft des wahren und großen Jazz geatmet.

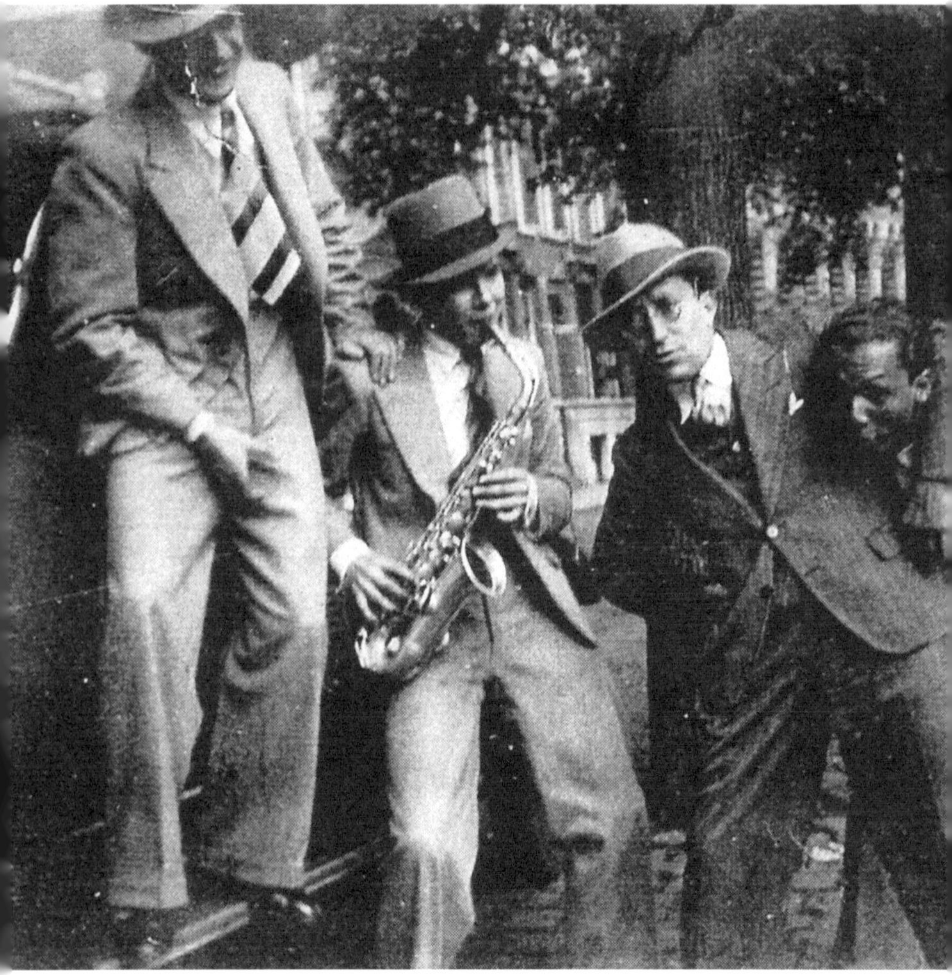

## »Ein wahres Phänomen«
## Mit 18 Beginn einer Musikerkarriere

Diese Musik sollte er nicht mehr loswerden, und so kommt Höllerhagen nach kurzen Zwischenstationen 1932 bei dem Bandleader Josef Jakob »Jack« Alban unter, der auf der Suche nach herausragenden Talenten ist. Der Geiger und Dirigent Alban leitet zu dieser Zeit eines der besten deutschen

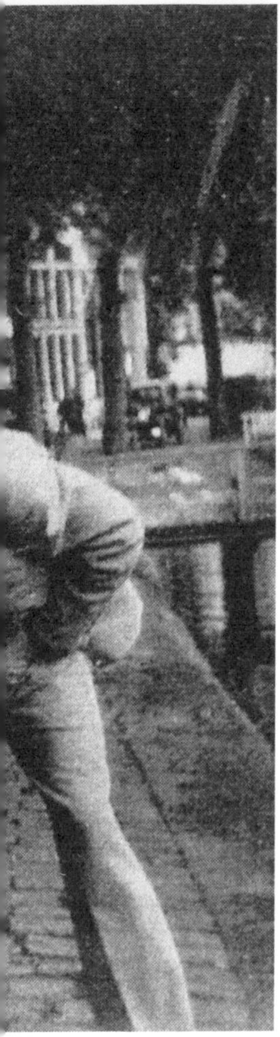

en Haag, Pfingsten 1932
nst Höllerhagen (2. von
ks), Jack Alban (2. von
chts

Unterhaltungsorchester. Daher kann Alban trotz der prekären wirtschaftlichen Lage attraktive Verträge aushandeln. Im Januar 1933 – Hitler wird in wenigen Tagen zum Reichskanzler ernannt werden – spielt das Orchester Jack Alban zu den ewigen Runden der Radrennfahrer beim Sechstagerennen in Dortmund. Die Zeitschrift *Der Artist* lobt das Spiel des Orchesters: »Es bedurfte schon der präzisen Kraft einer so fabelhaften Kapelle wie die der zwölf Herren von Jacques Alban, um zu glanzvoller musikalischer Geltung zu kommen«. Der Kritiker hebt dann die besondere musikalische Begabung Höllerhagens hervor: »Die Kapelle ist in ihrer gegenwärtigen Form sehr glücklich aus erstklassigen Solisten zusammengesetzt. Ein wahres Phänomen ist zum Beispiel der junge, erst siebzehnjährige Klarinettist Höllerhagen, sowohl auf der Klarinette wie auf dem Saxophon. Eine gesunde und höchst geschmackvolle Linie wird im Konzert verfolgt, blendendes Temperament zeichnet den Jazz aus.«

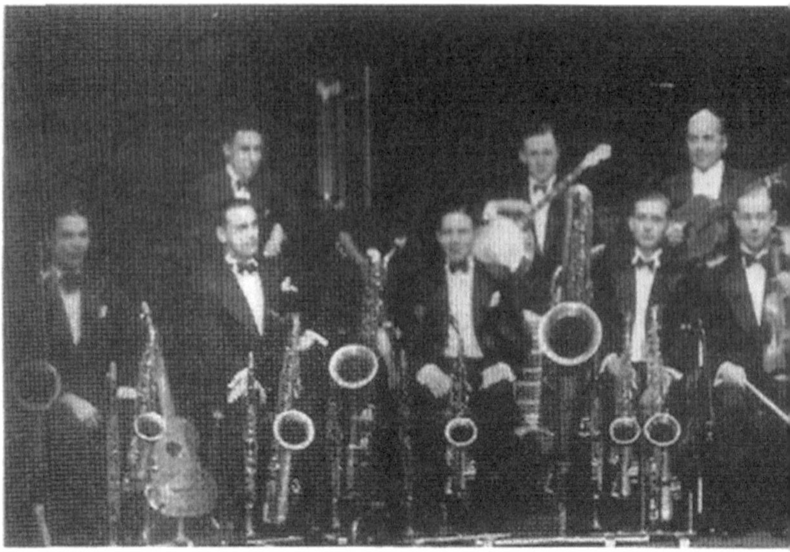

*Orchester Jack Alban; 1930. Vordere Reihe von links 3. Ernst Höllerhagen, 4. Willy Hammermann, Höllerhagens Zimmergenosse*

Vielleicht hatte sich der Rezensent durch das jugendliche Aussehen Höllerhagens täuschen lassen, tatsächlich war der Musiker schon drei Jahre älter. Doch bereits zu diesem frühen Zeitpunkt seiner musikalischen Laufbahn war das Ausnahmetalent des Barmer Musikers erkannt worden. Schon 1932 war der erst 20-jährige Höllerhagen zum besten deutschen Saxophonisten gekürt worden. Bei Jack Alban jedenfalls darf der noch jugendlich wirkende Höllerhagen von Beginn an den Saxophonsatz führen. Und die orchestereigenen Arrangements, die einen weiten Bogen von der Operette über den Schlager bis hin zum Hot Jazz spannen, sehen stets einen besonderen Raum für Höllerhagens solistische Einlagen vor – eine Verbeugung vor seinem Talent.

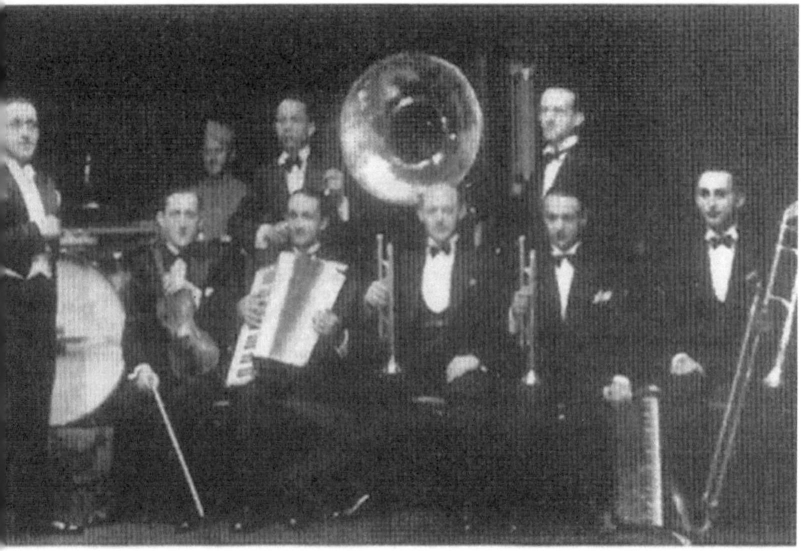

Wie begeistert Höllerhagen vom Jazz war, daran erinnert sich der Trompeter Wenzel Wollitzer, ein Musikerkollege aus den Hamburger Tagen bei Jack Alban: »Ein vom Jazz Besessener, das war Ernst Höllerhagen. Noch nach den Auftritten hörte er nächtens in den Pensionszimmern immer wieder heiße Chorusse amerikanischer Platten ab; mit Socken in die Schallführung des Kofferapparates gestopft, um die Nachtruhe nicht allzusehr zu stören. Aber irgendwann störte das freilich doch, sodass seinem Freund und Zimmernachbarn Willy Hammermann der Kragen platzte: ›Wenn Du nicht sofort damit endlich aufhörst, schmeiße ich dich samt Platten aus dem Zimmer!‹«

Eine andere Geschichte beschreibt die nicht enden wollende Spielfreude Höllerhagens, der sich damals unter Musikerkollegen längst den Ruf erworben hatte, seinen Part niemals gleich zu blasen. Der Jazz-Historker Marko Paysan beschreibt, wie Höllerhagen seinen Freund Hammermann, der auch Altsaxophon und Klarinette in der Alban-Band spielte, gern mit folgender Lieblingsfrage traktierte: »Wir haben ›Bye Bye Blues‹ gespielt und plötzlich sagt Höllerhagen: ›Paß mal auf! Jetzt blas'ich ihn wieder ganz anders …‹! Und dann hat er ihn wieder ganz anders geblasen, immer wieder! Und dann grinst er: ›Welcher ist besser, Hammermann …!?‹« (Marko Paysan in *FOX* auf *78*, Nr. 14).

Höllerhagen muss seinen Freunden in dieser Zeit unbeschwert und glücklich erschienen sein. Ein glänzender Unterhalter mit einem ausgeprägten Sinn für Humor und Situationskomik. So erinnert sich Hammermann daran, wie Höllerhagen in den Musik-Pausen des Alban-Orchesters den Geschäftsführer des vornehmen Ballhauses »Bocaccio« imitierte: »Wenn dieser Herr Engel mit seinem besorgt-vornehmen Gesichtsausdruck, die Hände stets verschränkt auf dem Rücken, durch den Laden schritt, stolzierte Höllerhagen heimlich – vor versammelter Band – als freche Parodie ihm hinterdrein!«

## Auslandsreisen
## Glückliche Tage in Holland

Der Ruhm der Alban-Band dringt bald über die Grenzen Deutschlands ins swing- und jazzbegeisterte Holland. Die Band gastiert bei den ersten Adressen. Höllerhagen ist jung, erfolgreich, und die Musik öffnet ihm Grenzen. Und er beginnt – ohne es zu ahnen – ein Netzwerk zu knüpfen, das ihn auch noch tragen wird, als er sich 1939 entschließt, Deutschland zu verlassen. So holt er für das Gastspiel Jack Albans einen alten Bekannten aus der Bruno-Miller-Band: den Trompeter Kurt Hohenberger.

Nach dem holländischen Zwischenspiel kommt es – Höllerhagen ist wieder in Hamburg – im Februar 1932 zu einer folgenreichen Begegnung: Höllerhagen hört die Musik der Royal Orpheans, der Band des holländischen Trompeters Louis de Vries. Und er lernt die Musiker der Band kennen, zu denen der Tenorsaxophonist Eddie Brunner und der Pianist Melle Weersma gehören.

Mit Eddie Brunner freundet sich Erni Höllerhagen an, ihre Wege kreuzten sich immer wieder in den folgenden Jahren. 1936 in Berlin sitzen beide in der Saxophon-Section von Teddy Stauffers »Original Teddies« und als Eddie Brunner von 1941 bis 1946 in der Schweiz Leiter der ›Teddies wurde, war Ernst Höllerhagen wieder dabei.

Zu den ›Royal Orpheans‹, die 1932 im ›Café Siegler‹ in Hamburg gastierten, gehörte auch der hervorragende Klarinettist und Saxophonist Freddy Schweitzer, der nach der Machtergreifung der Nazis nach London ging und dort bis in die Nachkriegszeit einer der wichtigsten Solisten im Orchester von Jack Hylton war.

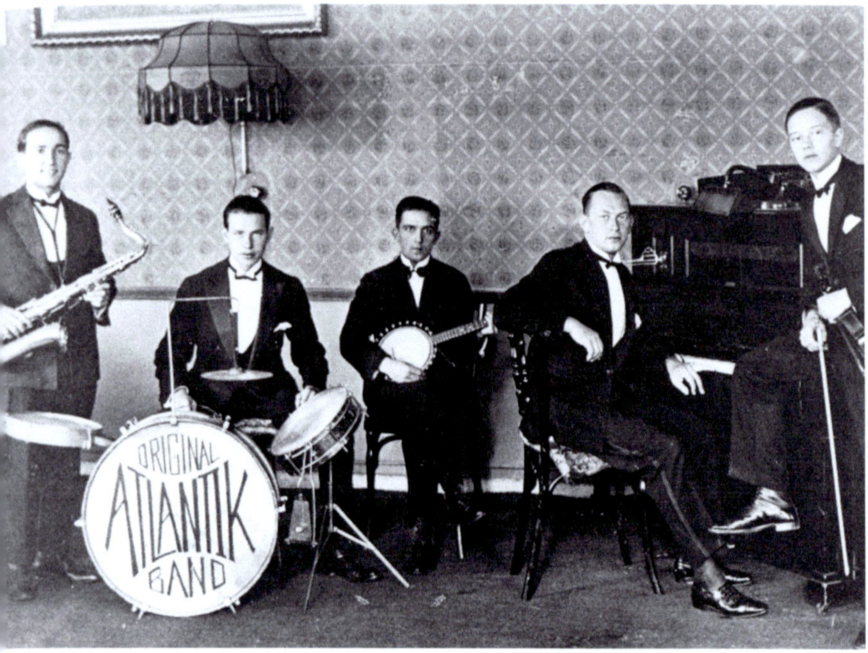


*Original Atlantik Band mit Karl Bierwirth (ts), Rudi Anhang (bj) und Hans Schmedeshagen (p)*

Ebenfalls zu den ›Royal Orpheans‹ gehörte der Gitarrist und Banjospieler Rudi Anhang, der später auch Deutschland verlassen mußte, weil er Jude war und 1936 nach Argentinien emigrierte. Der in Berlin bis 1933 sehr erfolgreiche Orchesterleiter Dajos Béla war bereits vorher ausgewandert und hatte in Buenos Aires das Radio-Tanzorchester übernommen, in dem Rudi Anhang Aufnahme fand. Bleibt zu erwähnen, dass Rudi Anhang eine enge Beziehung zu Wuppertal hatte, denn der damals zwanzigjährige Musiker lernte hier in Elberfeld

1925 seine spätere Frau, die Gastwirtstochter Grete Brassel, kennen, als er im Teeraum des beliebten Thalia-Theaters zum Tanz aufspielte. Rudi Anhang war als Banjospieler sehr gefragt und spielte in allen zu der Zeit bekannten Tanzorchestern in Berlin. Mit dem Orchester des Geigers Efim Schachtmeister gastierte er 1931 auch in Elberfeld, auf der Dachterrasse im Café-Restaurant im Michelsbau, einem in den dreißiger Jahren beliebten Treffpunkt am Wall.

Im Juli 1933 ist Ernst Höllerhagen wieder in Holland, diesmal spielt er in der holländischen Band ›Swantockers‹, die von dem Saxophonisten Antoon Swaan und Schlagzeuger Eliazer ›Eli‹ Tokkie geleitet werden. Ein halbes Jahr lang dauert das Engagement, das ihn u.a. nach Den Haag ins Westend Theater, nach Utrecht ins Rembrandt Theater und nach Rotterdam führt, dann kehrt Höllerhagen zunächst nach Deutschland zurück.

Doch nach kurzer Zeit zieht es Ernst Höllerhagen erneut in die Niederlande. Als Anfang 1934 der Pianist Melle Weersma eine eigene Band zusammenstellt, holt er den deutschen Saxophonisten nach Holland. Vom 1. Februar 1934 an spielt das Melle-Weersma-Orchester für drei Monate im »La Gaité« in Amsterdam, dem Cabaret und Tanzrestaurant des legendären Tuschinski-Filmtheaters. Die zwölfköpfige Band, die unter dem Namen »Melle Weersma & his Red, White and Blue Aces« auftritt, macht schnell Furore. Der Jazz-Journalist Bob Schrijver ist begeistert. In der Februar-Nummer von *De Jazzwereld* 1934 schreibt er: »Mehrere Male in der Woche kamen aus verschiedenen Teilen unseres Landes prominente holländischen Jazzmusiker bei Tuschinski zusammen, um auf der großen Bühne zu üben. Hier thronte Melle Weersma am Flügel inmitten seiner Musiker. Es wurde eifrig geübt, um Weersmas Arrangements so vollkommen wie möglich wiederzugeben.« Insbesondere lobt Schrijver die Saxophon-Section, bei der Höllerhagen mit von der Partie ist: »Die vier Saxophonisten bildeten eine Gruppe, die, was das Zusammenspiel und die Soli betrifft, einzigartig genannt werden kann. Außer auf der Platte von Ellington selbst, hatten wir ›Sophisticated Lady‹ noch nie so ›sophisticated‹ gehört.«

Die Annäherung an den Ellingtonschen Orchesterklang kam nicht von ungefähr, denn Melle Weersma hatte bei einer Reise nach New York schon 1929 den »Cotton Club« besucht und die Ellington Band aus nächster Nähe erlebt. Diese Begegnung in dem legendären Jazzclub im Herzen Harlems hatte ihn so sehr beeindruckt, dass er alle Platten, die er von Ellington bekommen konnte, anhörte und gründlich studierte. Jahre später hat er dann viele der bekannten Ellington-Stücke auf eigene Art für seine eigene Band arrangiert.

Als das Duke Ellington Orchester 1933 zum ersten Mal auf Europa-Tournee war und auch in Holland gastierte, wartete Melle Weersma gespannt auf den Auftritt des Duke und seiner mit hervorragenden Solisten besetzten Band. Mit ihm sitzen viele Musiker der niederländischen Szene im Publikum, die die damals schon berühmte schwarze amerikanische Band bisher nur von Schallplatten kennen, als Duke Ellington am 25. Juli 1933 im Kurhaus Scheveningen ein Konzert gibt. Anschließend in der Künstlergarderobe versucht Theo Uden Masman, Leiter der bekanntesten Band Hollands, den ›Ramblers‹, den Duke mit seiner kompletten Band in den Club der ›Artiesten-Societeit‹ von Den Haag einzuladen. Bei zwei prominenten Solisten des Ellington-Orchesters kommt Melle Weersma seinem Konkurrenten zuvor. Er lädt die Saxophonisten Johnny Hodges und Harry Carney in sein Auto ein und entführt die beiden nach Ams-

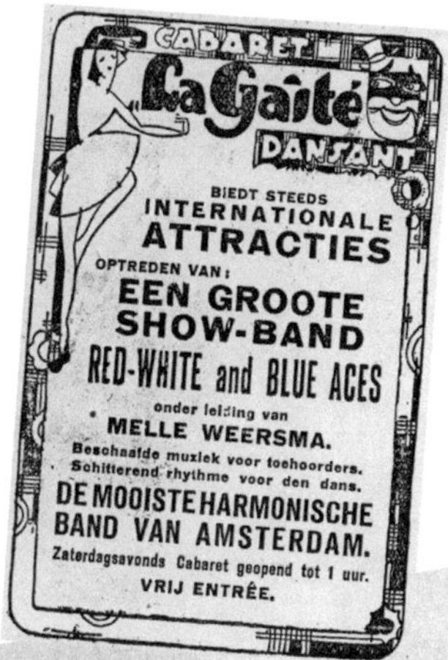


*Melle Weersma & his Red, White and Blue Aces; Holland 1934*

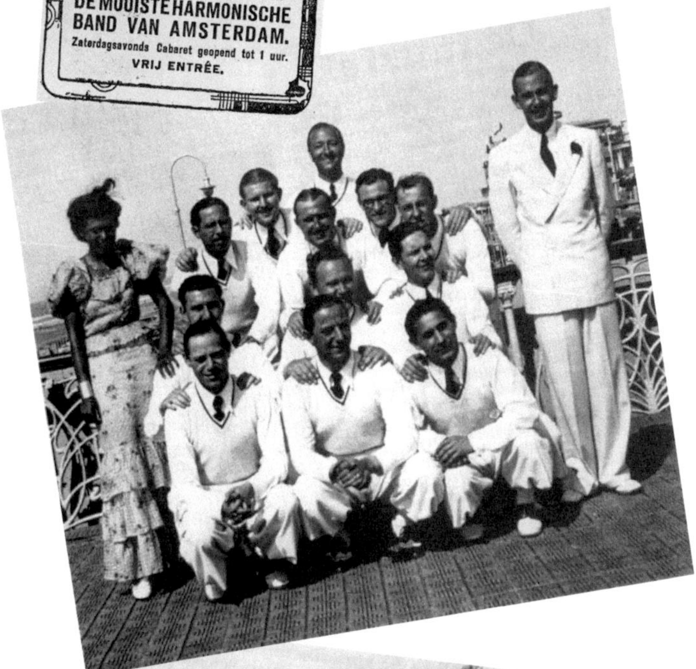

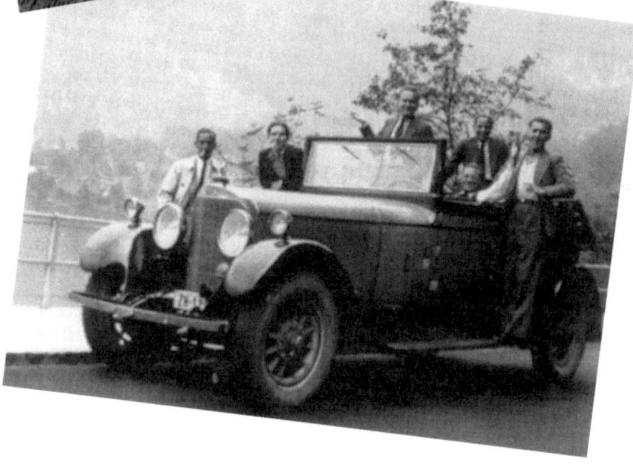

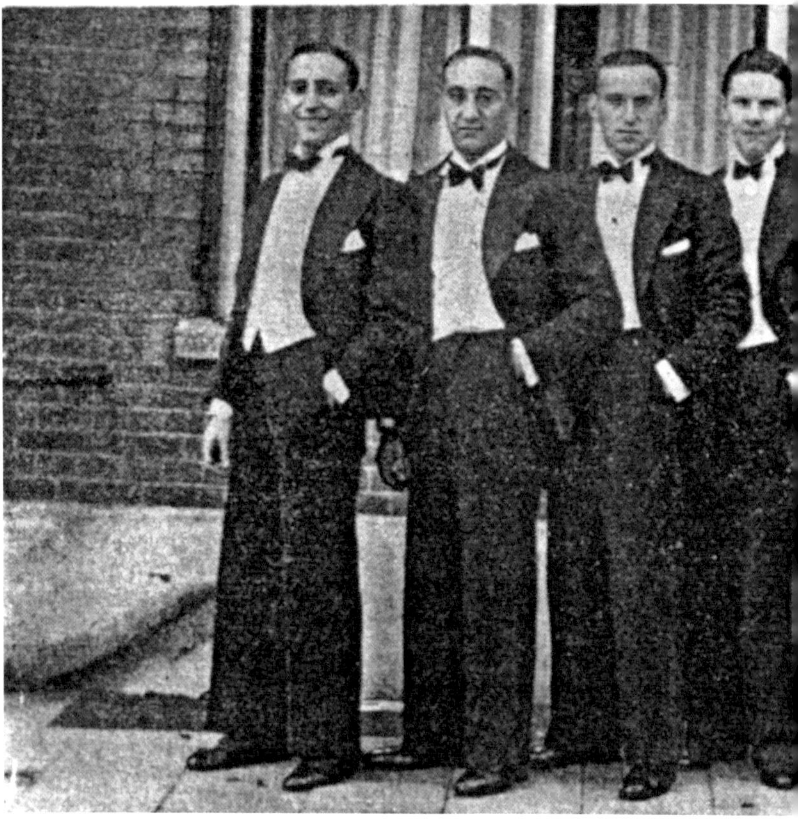

*The Swantockers, Antoon Swaan (2. von links), Eliazer ›Eli‹ Tokkie (5. von lin*
*deutschen Invasion in Konzentrationslagern. Mit ihnen spielte Ernst Höllerhag*

terdam in den Künstler-Club ›De Nar‹. Es wurde ein äußerst gemütlicher Abend, wo sogar mit viel Hingabe gejamt wurde (Nederlands Jazz Archief Bulletin, März 2003). Ob Ernst Höllerhagen dabei war, ist nicht überliefert, doch es könnte sein, denn belegt ist, dass er zu dieser Zeit in Den Haag bei den ›Swantockers‹ engagiert war.

Das Konzert des Melle Weersma-Orchesters am 11. März 1934 ist eine Reminiszenz an den Duke des Jazz: Neben den Jazz-Klassikern »St. Louis Blues« und »Tiger Rag« umfasst das Konzert-Repertoire der »Red, White and Blue Aces«

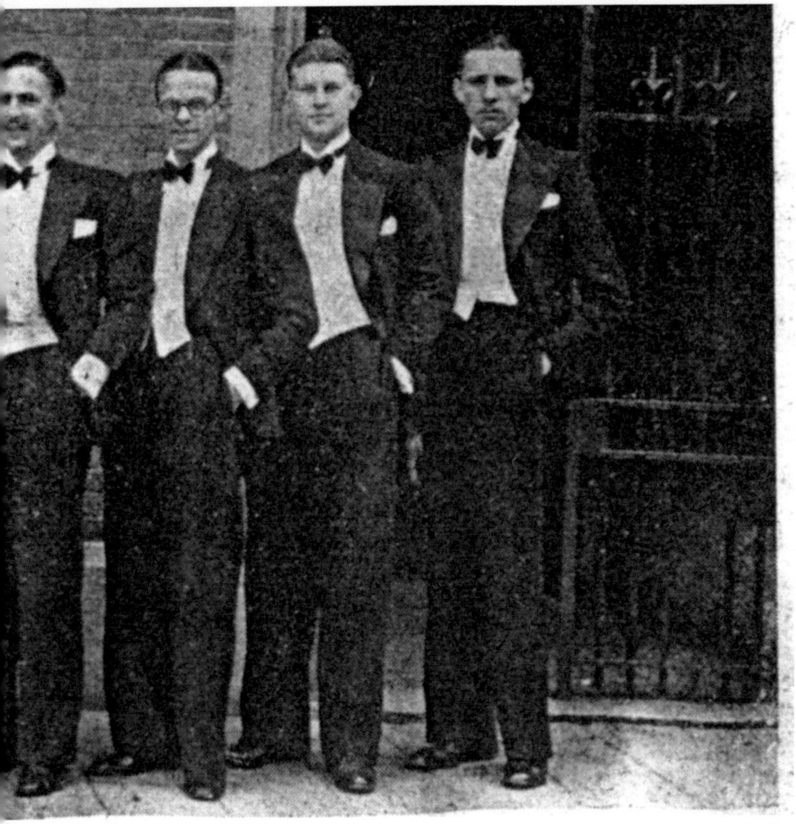

*Holland 1933. Die Spuren der jüdischen Swingmusiker verlieren sich nach der 4. von links).*

viele Ellington-Titel. In »Creole Love Call«, »Rockin‹ In Rhythm«, »Black And Tan Fantasy« und »It Don't Mean A Thing« haben die Solisten Eddie Brunner und Ernst Höllerhagen reichlich Gelegenheit, ihre Talente als Jazz-Improvisatoren zu zeigen. Begeistert verfolgen die mehr als 400 Jazzliebhaber im »La Gaité« die musikalischen Darbietungen. Der Journalist Bob Schrijver kommentiert: »Noch nie hat eine Band in unserem Land solche anerkennenden und ernsthaften Kritiken bekommen. Sogar in Amerika, dem Geburtsland des Jazz, ist man selten oder nie imstande gewesen, ein solches ›Avantgarde‹-Konzert zu organisieren. In keinem Land der Welt hat die wahre Hot-Musik prozentual so viele Anhänger wie in unserem Land.«

Vielleicht zeichnet Bob Schrijver ein zu schön gefärbtes Bild der damaligen kleinen niederländischen Jazz-Welt. Doch er kann nicht ahnen, welches Unheil seinem Land und der Musik droht, über die er mit so viel Enthusiasmus schreibt: Der Saxophonist Antoon Swaan und der Schlagzeuger »Eli« Tokkie, die Herzkammern der Swantockers, bei denen Höllerhagen gespielt hatte, werden der nationalsozialistischen Fremdherrschaft zum Opfer fallen. Die jüdischen Musiker sterben nach ihrer Deportation in einem KZ. Ein Schicksal, das sie mit vielen anderen holländischen Juden und Jazzmusikern teilen. Während andere Musiker nach dem Krieg ihre Karriere erfolgreich fortsetzen können, verlieren sich die Spuren von Swaan und Tokker heute im Niemandsland der Erinnerung. Noch aber überwindet die Musik Grenzen. Den Sommer 1934 verbringt Ernst Höllerhagen in Scheveningen, wo die Band von Melle Weersma im »Palais de Danse« für Unterhaltung sorgt. Im Mai hatte er, zusammen mit Melle Weersma und anderen Mitgliedern der »Aces«, einige Zeit im Cineton-Filmstudio verbracht, um bei der musikalischen Begleitung zu dem Spielfilm »Bleeke Bet« (Bleiche Elisabeth) mitzuwirken. Eine der Hauptrollen in der Musik-Komödie war mit Johannes Heesters besetzt. Im August 1934 folgt Melle Weersma einer Einladung in die Schweiz; die »Red, White and Blue Aces« gastieren mit großem Erfolg im bekannten Züricher »Dancing Sihlporte«.

Von Zürich reisten die »Aces« in die damalige tschechoslowakische Stadt Brno (Brünn). Vom 1. bis 23. September 1934 arbeitete das Orchester dort in dem Tanzlokal »Zemsky-Dum«.

Als Beispiel dafür, mit welchen Existenznöten auch damals Musiker zu kämpfen hatten, insbesondere, wenn sie als

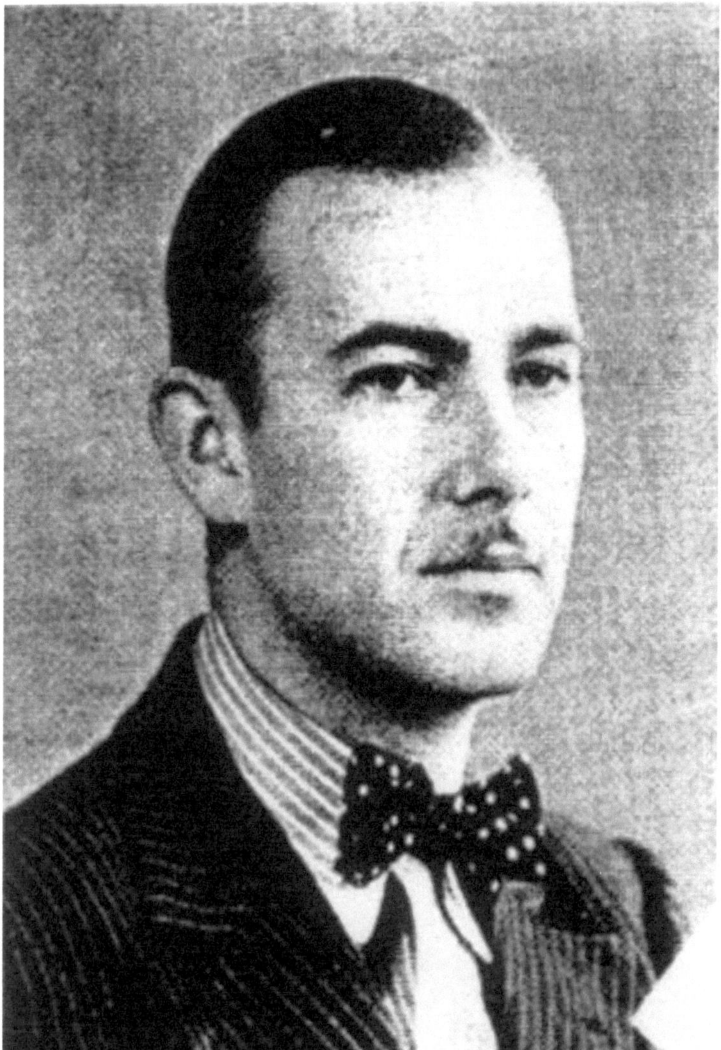

*Melle Weersma 1934*

Bandleader die Verantwortung für viele Orchestermitglieder hatten, nachfolgend einige Zitate aus einem Brief, den Melle Weersma an die Redaktion der »Jazzwereld« schrieb:

*»Geehrte Redaktion, wir durften so lange in Brno arbeiten, bis ein tschechisches Orchester zur Verfügung stand, das uns ersetzen konnte. Das geschah am 24.September. Man gab uns so kleine Vorschüsse, dass es uns unglaubliche Mühe kostete, auch nur die notwendigsten Kosten des Lebensunterhalts zu decken. Ein Anwalt wurde zu Rate gezogen. Dieser riet uns ausdrücklich, weiter zu spielen, weil wir sonst alle Rechte verlören. Also spielten wir bis zum 23. September weiter. Als ich den Rest der Gage kassieren wollte, ein Betrag von 18 000 Kronen (1170 Gulden) wollte man mich mit 1000 Kronen (65 Gulden) abspeisen. Als Grund wurde angegeben, dass unsere Konzertmusik verschiedenen Gästen, die nichts anderes als »Dichter und Bauer« und ähnliche Werke verstanden, nicht gefallen hatte, weshalb sie das Haus nicht mehr besuchten. Dass das Haus aber während unserer Auftritte mittags und abends voll war und wir wirklich einen großen Erfolg ernten durften, wurde nicht berücksichtigt. Da saßen wir nun. Meilenweit von zu Hause, ohne einen Cent mit einer Menge unbezahlter Rechnungen! …« Dieser Brief wurde als warnendes Beispiel für andere Niederländische Orchester, die ins Ausland gehen wollten, in »De Jazzwereld« vom November 1934 veröffentlicht.*

Ende September und Anfang Oktober 1934 akzeptierte Melle Weersma ein achttägiges Not-Engagement im Bata-Hotel in Zlin (Tschecho-Slowakei), um auf diese Weise genug Geld für die Rückreise in die Niederlande zu verdienen. Einige Bandmitglieder hatten wegen ausstehender Gagen das Orchester bereits verlassen, sodass die »Aces« zu diesem Zeitpunkt nur noch in folgender Besetzung auftraten: Israel Park (tp), der Belgier Desiré Passamiers (tb), der Deutsche Ernst Höllerhagen (cl, as), Eddie Brunner (cl, sax), Melle Weersma (piano, arr), Leo Askenase (bass), Lew Galking (dr) und Ann Royce (vocal).

Zurück in Holland, beginnt für die Band am 1. November 1934 ein Engagement im renommierten »Carlton Hotel« in Amsterdam.

In dieser Zeit macht die Plattenfirma DECCA zu Demonstrationszwecken vor Publikum im Warenhaus ›Vroom & Dreesman‹ in der Kalverstraat Schallplattenaufnahmen mit der Band (mit Ernst Höllerhagen und Eddie Brunner), die später auf Panachord veröffentlicht wurden. Im Dezember 1934 geht es dann nach Rotterdam ins ›Dancing Pschorr‹, im Januar und Februar 1935 spielt die Band im Restaurant ›Central‹ in Den Haag.

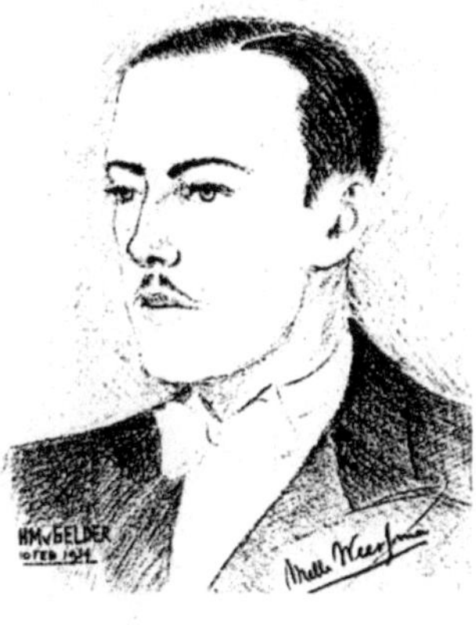

*Melle Weersma, gezeichnet von H.M. van Gelder, abgedruckt im VARA Radiogids, 16. März 1935*

Melle Weersma hat sich endgültig in die Spitzenliga der niederländischen Jazz-Musik gespielt und setzt jetzt an zum Karrieresprung über den Ärmelkanal: Der begabte Arrangeur und Pianist folgt einem Ruf des berühmten Orchesterleiters Jack Hylton nach London. Zuvor machen die »Red, White and Blue Aces« noch einmal Rundfunkaufnahmen bei »Vara-Radio«.

Vom 1. März 1935 an wurde Melle Weersma Arrangeur bei dem englischen Orchesterleiter Jack Hylton und Ende 1936 ersetzte er den Amerikaner Benny Carter als Arrangeur von Henry Balls BBC-Tanzorchester. Im Laufe des Jahres 1938 zog Melle Weersma nach Argentinien. Erst 1954 kehrte er schließlich wieder in die Niederlande zurück.

Sein größter kommerzieller Erfolg aus der argentinischen Periode war zweifellos der Welterfolg »Penny Serenade«. Bemerkenswerterweise war Melle Weersmas Begleiter der ersten Stunde, der Saxophonist Ab van der Molen, 1966 bei der Produktion der ersten niederländischen LP von Willem Breuker auch wieder mit von der Partie, bei der fast die gesamte niederländische Jazz-Avantgarde versammelt war. Melle Weersma war als Tonmeister beteiligt, die Platte erschien unter dem Titel »Contemporary Jazz from Holland«. Ab van der Molen überlebte als einer der wenigen jüdischen Musiker die Schrecken des 2. Weltkriegs. Er arbeitete mit ziemlich allen bekannten niederländischen Orchestern.

Zurück ins Frühjahr 1935, zu Ernst Höllerhagen: Für ihn geht nach der Auflösung der Band von Melle Weersma eine glückliche Episode zu Ende. Er ist arbeitslos.

Doch die Durststrecke dauert nicht lange: Kurzfristig findet Höllerhagen Aufnahme bei Marek Weber, in dessen Tanzorchester er im April 1935 im »Shilporte« in Zürich und im Mai 1935 im Kursaal-Casino in Luzern spielt. Dass dieses Schweizer Intermezzo zum Auftakt für seine Zukunft werden soll, kann Höllerhagen zu diesem Zeitpunkt noch nicht ahnen.

In der Schweiz erreicht Ernst Höllerhagen ein Anruf von Jack de Vries, der ihn für ein mehrmonatiges Engagement nach Brüssel verpflichten möchte. Jack de Vries spielt Kontrabaß und ist der Bruder von Trompeter Louis de Vries, mit dem Höllerhagen bei den ›Swantockers‹ zusammen gespielt hatte. Jack de Vries' Band ›The Internationals‹ spielt während der Weltausstellung 1935 in Brüssel mehrere Wochen im ›Madison Club‹. Höllerhagen soll am 1. Juli folgen und neben Eddie Brunner in der Band von Jack de Vries spielen. Unerwartet wird der Club im Juli 1935 geschlossen und die Musiker stehen plötzlich auf der Straße.

Nach einem Engagement in der Band des belgischen Pianisten John Ouwerx geht Höllerhagen zurück nach Deutschland – ins Meta-Zentrum der Swing- und Unterhaltungsmusik: nach Berlin.

*Ernst Höllerhagen und der belgische Pianist John Ouwerx*

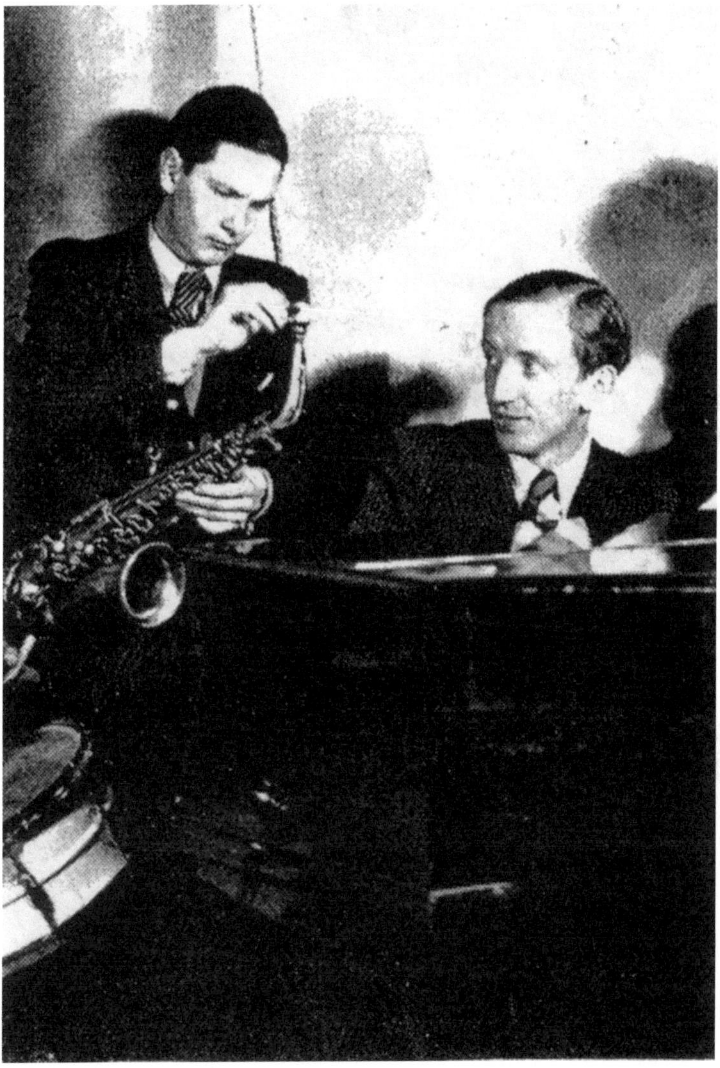

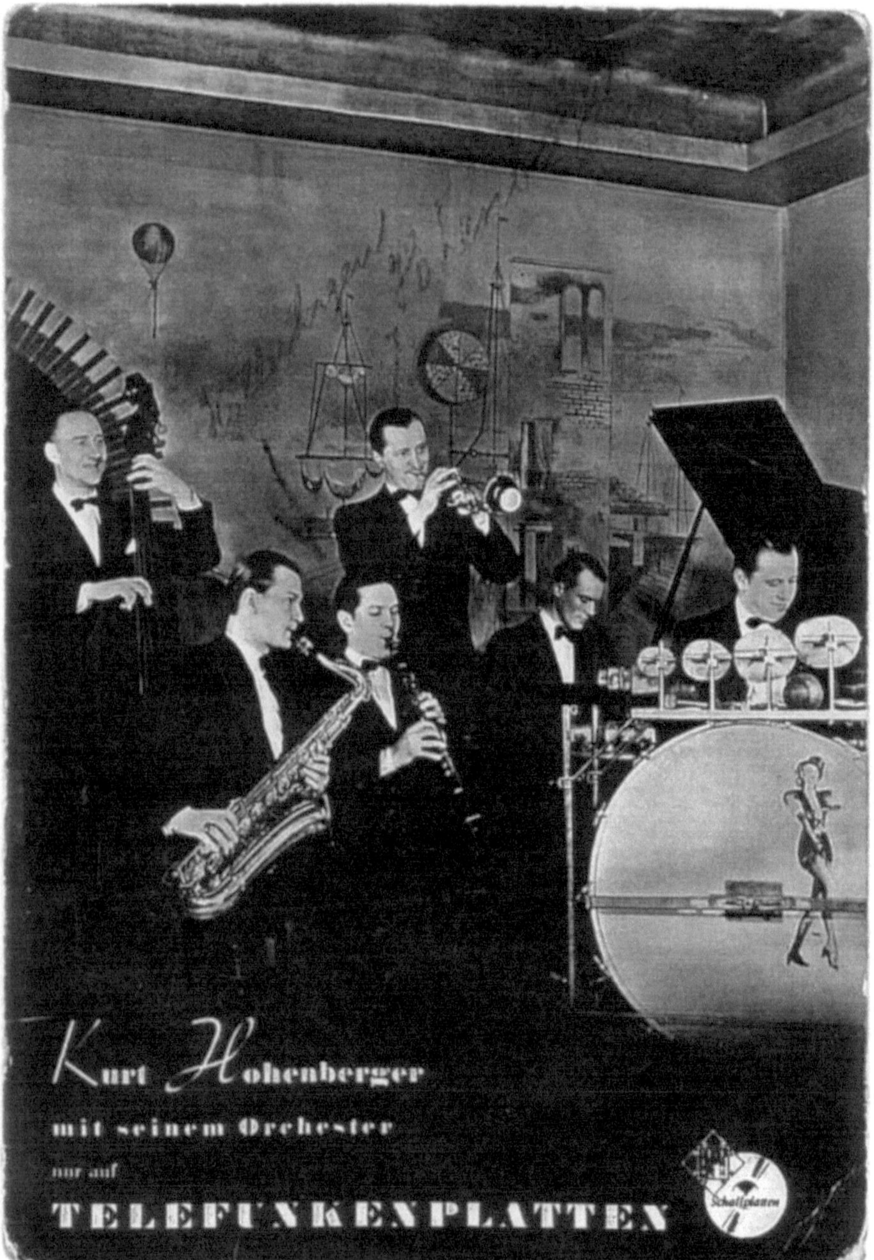
Kurt Hohenberger
mit seinem Orchester
nur auf
TELEFUNKENPLATTEN

## Swinging Ballroom Berlin

In Deutschland sind seit dem 30. Januar 1933 die Nationalsozialisten an der Macht. Hitlers Chef-Ideologe Alfred Rosenberg geißelt den »undeutschen Charakter« der Jazz-Musik und wettert gegen die »Mulatten- und Negerkultur«. Das Parteiblatt der NSDAP, der *Völkischer Beobachter,* sowie die gleichgeschaltete *Zeitschrift für Musik* und andere Presseorgane veröffentlichen Traktate gegen den »Nigger-Jazz«.

Dabei richtet sich der Bannstrahl vor allem gegen jüdische Musiker. Sie erhalten kurz nach der NS-Machtergreifung ein Berufsverbot. Schon 1933 beginnt der Exodus jüdischer Musiker. Beliebte Orchester-Chefs wie Dajos Béla und Marek Weber, bei dem Ernst Höllerhagen in Zürich und Luzern gespielt hatte, verlassen Deutschland und gehen ins Exil in die USA oder nach Südamerika. Andere Fluchtländer sind Holland und Frankreich. Bereits 1935 haben die meisten jüdischen Jazzmusiker Deutschland verlassen. Von denen, die geblieben sind, enden die meisten in Auschwitz.

Es gehört zu den schwer nachvollziehbaren Paradoxien dieser verrückten Zeit, dass Berlin trotz dieser Hatz – neben London und Paris – die »europäische Hauptstadt des Swing und Sweet« werden konnte, wie der Jazz-Historiker Marko Paysan schreibt. Trotz ihrer eifrig betriebenen Propagandahetze halten die braunen Machthaber es noch nicht für opportun, ein generelles Verbot dieser Musikformen auszusprechen. Lediglich regionale und lokale Verbote werden erlassen. Denn diese Musik geht in die Beine, und Lebensfreude kann man kaum verbieten. Hinzu kommt, dass Swing und Sweet zu dieser Zeit die bevorzugte Musik der unterhaltungssüchtigen Oberen Zehntausend ist. Und mit denen paktieren die Nationalsozialisten.

Wahrscheinlich liegt das Faszinosum des Jazz für die Deutschen auch in seinen exotischen Reizen. Und so wundert es nicht, dass die großen Unterhaltungsorchester jener Zeit ein weites musikalisches Repertoire beherrschen: von der Operette über den Schlager bis hin zu Swing und Sweet. Erlaubt ist, was amüsiert. Höllerhagens erste Anlaufstation im Ballsaal Berlin ist das Tanzorchester von Juan Llossas. Der Spanier erwarb sich in den 30er Jahren den Ruf des »Deutschen Tango-Königs«.

Neben den Engagements in Unterhaltungsorchestern boten der neue Tonfilm, der Rundfunk und vor allem die Schallplattenindustrie Musikern ein reiches und neues Betätigungsfeld. Und attraktive Verdienstmöglichkeiten. Im Herbst 1936 spielte Höllerhagen in einer Studio-Band, die der Marimbaphonist Kurt Engel für Plattenaufnahmen bei Telefunken in Berlin formiert hatte.

Eine der populärsten Studio-Bands im Berlin der zweiten Hälfte der 30er Jahre war »Die Goldene Sieben« des Deutsch-Amerikaners Harold M. Kirchstein. Der Gitarrist, der sein Handwerk in den 20er Jahren beim Tanzorchester Dajos Béla gelernt hatte, heckte mit dem Aufnahmeleiter der Electrola den Plan aus, die besten Solisten aus den führenden Tanzorchestern Berlins zu einem Studio- und Tonfilm-Ensemble zusammenzuschweißen. »Die Goldene Sieben« repräsentierte somit die modernste Spielart des Swing, die es damals in Deutschland zu hören gab. Kirchstein orientierte sich an einem kommerziell gefärbten, tanzbaren Übergangsstil zum Swing, wie die Deutschen ihn durch Schallplattenaufnahmen von Red Nichols her kannten. Die Arrangements stammten zumeist aus der Feder des Pianisten Georg Haentzschel. Kirchstein und Haentzschel holten Höllerhagen als Soloklarinettisten in die erweiterte Besetzung der »Goldenen Sieben«. Hierbei wurde er auch zu Aufnahmen für deutsche Filmlustspiele herangezogen und machte mit seinem Showtalent die Filmleute auf sich aufmerksam.

Mit von der Partie bei Kirchsteins »Goldener Sieben« war ein alter Bekannter Höllerhagens aus den Hamburger Tagen bei der Bruno-Miller-Band: der Trompeter Kurt Hohenberger. Hohenberger holte Höllerhagen in sein Septett, nun »Kurt Hohenbergers Goldene Sieben« genannt. Dokumentiert sind diese Aufnahmen auf einigen Schellack-Platten der Firma Telefunken, die den Ruf dieser Band weit über die Grenzen Berlins hinaus verbreiteten.

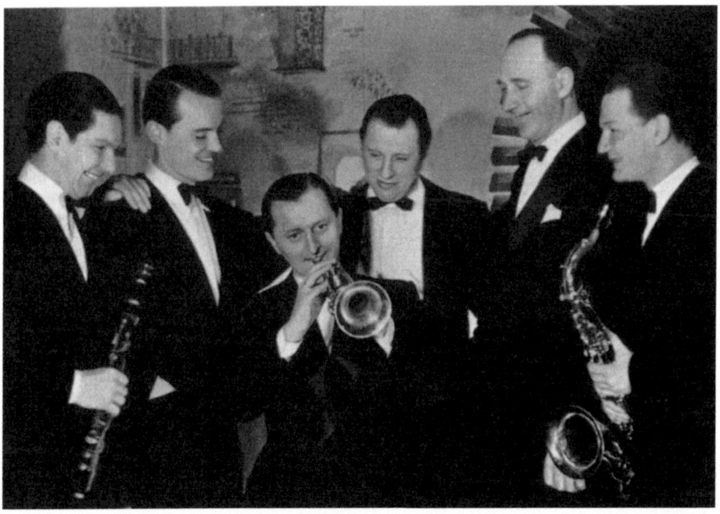

*Kurt Hohenberger und seine Solisten im »Quartier Latin«, Berlin 1938. Ernst Höllerhagen (1. von links), Detlev Lais, Kurt Hohenberger, Fritz Schulz-Reichel, Eugen Henkel, Willi Kettel*

Die Telefunken-Aufnahmen der Jahre 1937/38 dokumentieren, wie sehr Höllerhagen vom Klarinetten-Spiel seines großen Vorbildes Benny Goodman beeinflusst ist. So schreibt der Jazz-Historiker Wolfgang Muth: »Es gibt auf den Hohenberger-Schallplatten nicht wenige Passagen, in denen Ernst Höllerhagen zusammen mit dem Pianisten Fritz Schulz-Reichel ein Gespann bildet, wie man es von der Paarung Goodman/Wilson her kennt.«

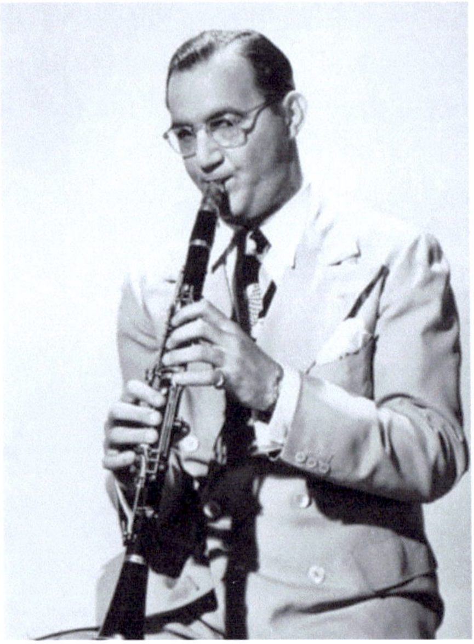

*Benny Goodman*

Dabei ist es fast ein Treppenwitz der (Jazz-)Geschichte, dass diese Platten mit den ungeschminkten Goodman-Zitaten Höllerhagens die Zensur-Stelle der Reichsmusikkammer passieren konnten. Denn der jüdischstämmige Klarinettist Benny Goodman war zur Zielscheibe der nationalsozialistischen Hetzpropaganda geworden. Während bis zum Kriegseintritt Englands und der USA – 1939 bzw. 1941 – Jazz-Platten aus diesen Ländern ganz legal und devisenbringend über den Ladentisch gingen, wurden die Schellack-Scheiben des »King of Swing« ab 1937 in Deutschland nicht mehr vertrieben. Dessen Musik wurde zu dieser Zeit durch ein spezielles Goodman-Verbot aus dem Plattenangebot der deutschen Firmen entfernt, vielleicht auch deswegen, weil Goodman in der New Yorker Carnegie Hall ein Benefiz-Konzert zu Gunsten der republikanischen Opfer des Spanischen Bürgerkriegs gegeben hatte. Benny Goodmans »Bach Goes To Town« rief einen Sturm der Entrüstung in der Presse hervor. Das Bach-Motiv im Swing-Kleid provozierte umgehend den Vorwurf der »Rassenschande« und des »Kulturbolschewismus«.

Dabei zeigt gerade dieses Beispiel, warum Reichspropagandaminister Goebbels sich so schwer tat mit einem generellen Jazz-Verbot. Was sind eigentlich Swing und Jazz? Und wo sind die Grenzen zu einer durchaus willkommenen Unterhaltungsmusik, die ablenkt von der zunehmenden Unfreiheit im politischen und gesellschaftlichen Leben, von Judenverfolgung und Kriegsvorbereitung? Die Zensoren sind überfordert und die Musiker machen sich häufig einen Spaß daraus, die Gesinnungsschnüffler der Reichsmusikkammer auf's Glatteis zu führen. Zum Beispiel, indem sie Standards verfemter Swing-Musiker in ein deutsches Textgewand kleiden.

*Artikel zum Verbot der Jazzmusik im Rundfunk, Völkischer Beobachter, 1935*

# Verbot des Nigger-Jazz

**Auf der Intendantentagung im Großen Sendesaal des Münchener Funkhauses am Sonnabend machte Reichssendeleiter Hadamovsky grundlegende Ausführungen über die Gestaltung des Winterprogramms des deutschen Rundfunks. Der Redner erinnerte an die zersetzende Tätigkeit des kulturbolschewistischen Judentums gerade im deutschen Rundfunkwesen und fuhr fort:**

"Nachdem wir heute zwei Jahre lang mit diesen Kulturbolschewisten aufgeräumt haben und Stein an Stein fügten, um in unserem Volk das verschüttete Bewußtsein für die deutschen Kulturwerte wieder zu wecken, wollen wir auch mit den noch in unserer Unterhaltungs- und Tanzmusik verbliebenen zersetzenden Elementen Schluß machen. Dieses Verbot ist kein Symptom für eine irgendwie geartete Auslandsfeindschaft des deutschen Rundfunks, vielmehr reicht der deutsche Rundfunk allen Völkern die Hand zum freundschaftlichen Kultur- und Kunstaustausch. Was aber zersetzend ist und die Grundlage unserer ganzen Kultur zerstört, das werden wir ablehnen. Wir werden dabei ganze Arbeit leisten.

**Der Niggerjazz ist von heute ab im deutschen Rundfunk endgültig ausgeschaltet. Zwischen dem Präsidenten der Reichsmusikkammer und dem Leiter des Berufsstandes deutscher Komponisten, der Hitler-Jugend, dem Reichsverband deutscher Rundfunkteilnehmer, der Rundfunkfachpresse, der Parteipresse und der Reichssendeleitung wurde die Schaffung eines Prüfungsausschusses für deutsche Tanzmusik bei der Reichssendeleitung vereinbart. Dieser Ausschuß entscheidet für den Rundfunk endgültig über die Aufführungsgenehmigung oder Verbot eines Werkes.**

Alle Sender des deutschen Rundfunks bringen heute zu noch unbestimmter Zeit innerhalb eines Unterhaltungskonzerts eine Jazzparodie, der Art, wie sie in Deutschland zukünftig nicht mehr geduldet werden. Eine gleich darauf folgende, der deutschen Tanzmusik entsprechende Instrumentierung der gleichen Melodie soll die Unterschiede klar machen, die zwischen Niggersang und deutschem Tanzlied bestehen.

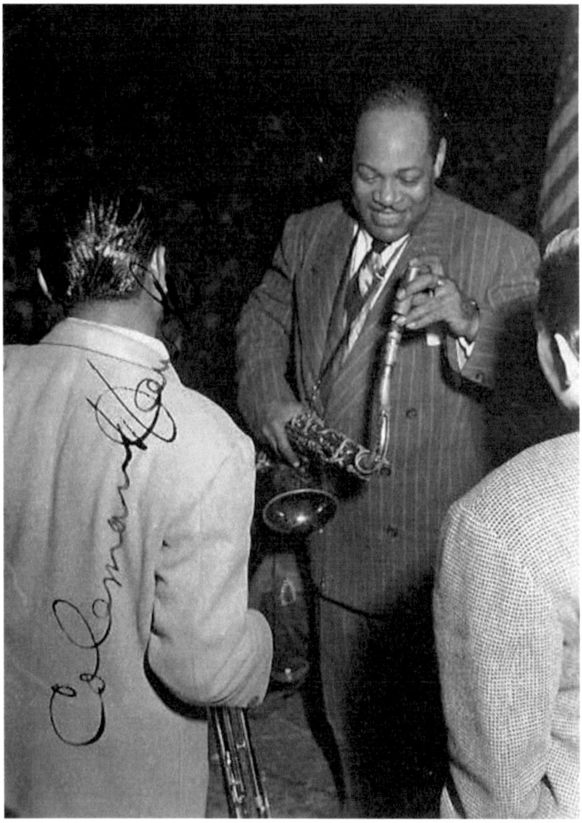

## Session mit dem Vater des Jazz-Saxophons

Kameraschwenk. Blende auf: Eine gänzlich andere Atmosphäre herrscht zu dieser Zeit in der Schweiz. Farbige Musiker sind hier willkommen. Und so tritt einer die Reise an vom Mutterland des Jazz, den USA, über den Großen Teich, wo er einen deutschen Klarinettisten treffen wird. Mehr als zehn Jahre hatte der farbige Musiker bereits bei der Fletcher Henderson Band in New York gespielt, und dort seinen Stil entwickelt. Einen Stil, mit dem er unzählige Saxophonisten von Ben Webster über Sonny Rollins bis hin zu John Carter beeinflussen wird.

Die erste Station seines mehrjährigen Europa-Aufenthalts ist für Coleman Hawkins die Musikmetropole London, wo er auf Einladung des britischen Bandleaders Jack Hylton als Gastsolist Ende 1934 mehrere Konzerte in dessen bekanntem Orchester spielt. Mit dem Jack Hylton Orchester reiste er auch nach Holland und Paris, wo er einem Engagement des Hot Club de France folgend, mit dem Geiger Stephane Grapelli und dem Gitarristen Django Reinhardt Aufnahmen macht. Im Januar 1935 sollte das Hylton-Orchester mit Coleman Hawkins in Berlin auftreten, doch die Nazi-Regierung verbot dem farbigen Künstler die Einreise. So blieb er in Holland zurück und spielte dort eine Zeit mit der holländischen Swingband ›Ramblers‹. Danach gab er Konzerte in Dänemark und Schweden. Als er dann zurück nach London wollte, musste er erfahren, dass er dort keine Arbeitserlaubnis erhalten würde. So kam er durch einen Kontakt zu Jazzfreunden in die Schweiz, wo er mit Freude und Begeisterung aufgenommen wurde. Annähernd zwei Jahre, vom Frühjahr 1935 bis zum Winter 1936, lebte er in der Schweiz: Coleman Hawkins. »Hawk«, der Vater des modernen Jazz-Saxophonspiels.

*Coleman Hawkins und die »Berries«, Ernst Höllerhagen (2. von rechts); Zürich 1936*

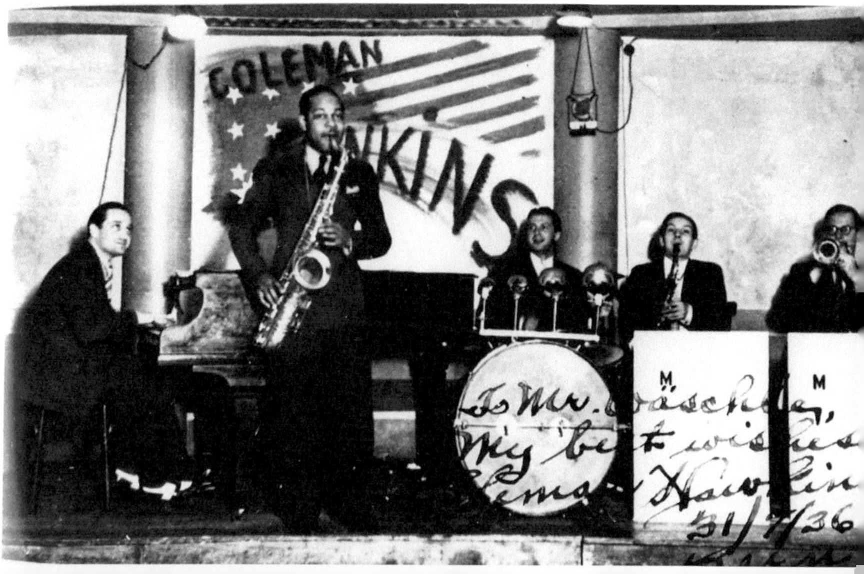

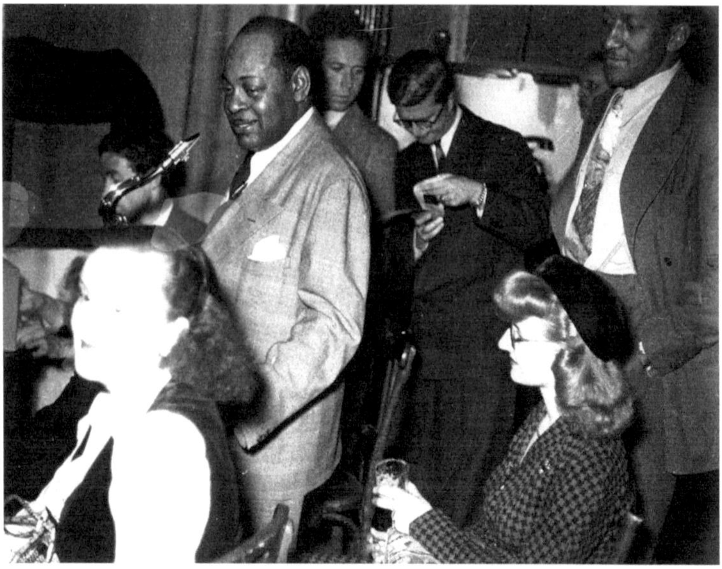

*Coleman Hawkins in der Schweiz 1936*

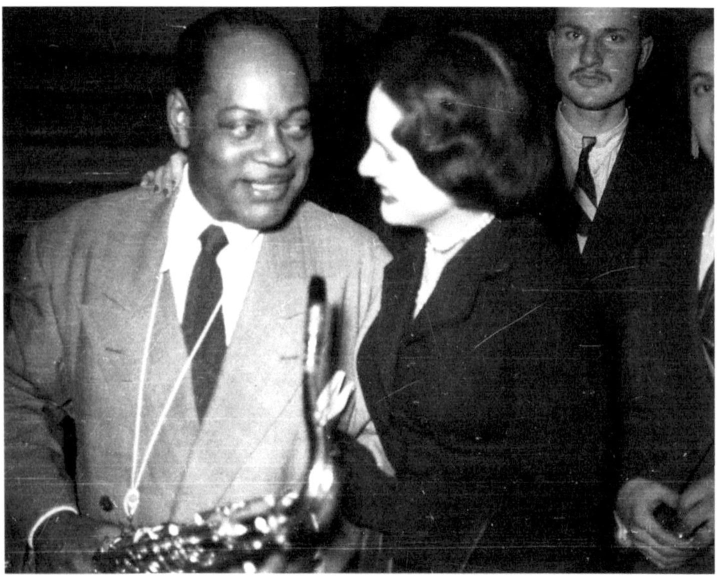

Über Coleman Hawkins braucht Geoff Dyer in *But Beautiful*, seinem wunderbaren Buch über den Jazz, das reine Literatur ist, nur wenige Worte, um das »Riesen Hurrikan-Spiel« des Coleman Hawkins zu beschreiben: »Es war Hawk, der das Tenor zu einem Jazzinstrument gemacht hatte, der festgelegt hatte, wie es zu klingen hatte: bauchig, kehlig, riesig. Entweder man hörte sich an wie er – oder man hörte sich nach überhaupt nichts an.«

Hier, in der Schweiz, bekommt Hawk die Anerkennung, die ihm zusteht. Hawkins genießt das Leben, die selbstverständlichen Freiheiten und Menschenrechte, die ihm in der Heimat oft vorenthalten werden. Hier gibt es keinen Ärger, wenn er gemeinsam mit weißen Musikern auf der Bühne steht. Hier schimpft ihn niemand »Nigger«, ruft ihn niemand »Boy«. Hier ist er Mister Coleman Hawkins. Von den Musikfreunden und Musikern wird er mit Hochachtung respektiert, ja verehrt.

Im Gegensatz zu Louis Armstrong, der das Privileg genoss, schon in den dreißiger Jahren in den großen Konzerthallen Europas aufzutreten, gibt Coleman Hawkins keine eigentlichen Konzerte, sondern spielt in den Ballsälen und Cafés der Wintersportorte St. Moritz und Engelberg, in Nachtbars in Zürich, Bern, Lausanne und Genf, meist mit den »Berries«, aber auch im Ballorchester des Züricher Schlagzeugers Morris Einhorn, in dem zu dieser Zeit auch gelegentlich ein deutscher Musiker sitzt: Ernst Höllerhagen.

Hawkins arbeitete zu dieser Zeit beständig am Sound seines Saxophons und an der Verfeinerung seiner Soli. Der Aufenthalt »Hawks« in der Schweiz, die Begegnung und das Zusammenspiel mit europäischen Musikern, war ein

Glücksfall für die Entwicklung des Jazz in der Alten Welt. Dazu trugen nicht unwesentlich die Platten bei, die Hawkins in der Schweiz mit den »Berries« aufnahm. Doch wie war es dazu gekommen?

Im ersten Jahr seines Schweizer Aufenthaltes, Anfang 1935, lebte Coleman Hawkins in Zürich eine Zeit lang bei der Familie von Ernest Berner. Der Schweizer Jazzpionier, Theateragent und Herausgeber der Zeitschrift *Jazz* hatte Hawk in die Schweiz eingeladen. Berner war zugleich der Pianist der »Berries«, einer Formation unter Leitung des Schlagzeugers Bernhard »Berry« Peritz. Mit dieser Gruppe spielte Coleman Hawkins zunächst in der »Corso Bar« in Zürich. Klarinettist der Berries war – Ernst Höllerhagen.

Mit den »Berries« macht Coleman Hawkins am 30. April 1936 Plattenaufnahmen in Zürich. Vier Titel erscheinen auf zwei Schellack-Platten bei Parlophone-Columbia. Bei »Sorrow« kommt es zu einem munteren Zusammenspiel zwischen Höllerhagen und Hawkins, bei dem der Klarinettist die Melodie spielt und Hawkins diese Melodie »umrankt«, bevor er zu einem lyrischen Solo ansetzt. Die beiden müssen sich auch menschlich gut verstanden haben, denn manchmal sind sie in den Gastspielorten auch Zimmerkollegen, jedenfalls behauptet das Hawkins-Biograph Teddy Doering.

Nach der lehrreichen Zusammenarbeit mit Coleman Hawkins verbringt Ernst Höllerhagen den Sommer 1936 in Monte Carlo, wo er im Orchester des schwedischen Bandleaders Serge Glykson im exklusiven »Sporting Club d'Eté« spielt.

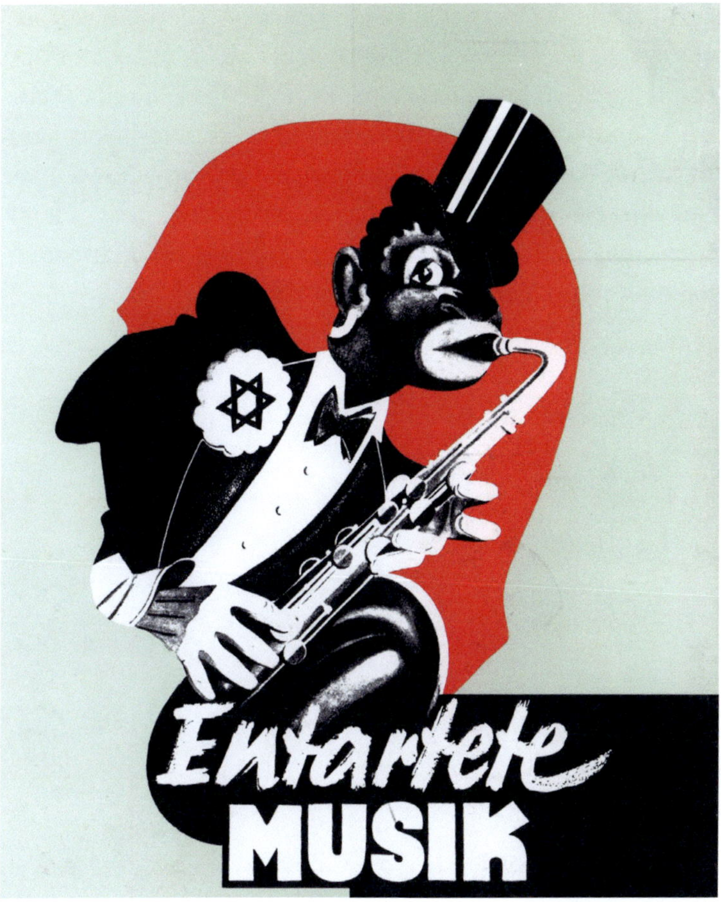


## Heil, Benny! – Zurück in Absurdistan

Kameraschwenk zurück. Blende auf: Berlin, zweite Hälfte der 30er Jahre. Nach seinem Schweizer Intermezzo tritt Höllerhagen in der Reichs- und Swinghauptstadt Deutschlands nicht nur als Studiomusiker in Erscheinung, sondern erobert sich auch die großen Bühnen der Berliner Amüsiertempel. Er spielt im Tanzorchester des Spaniers Juan Llossas, der sich den Ruf eines »Deutschen Tango-Königs« in Berlin erworben hatte. Der bekannte Filmkomponist Theo Mackeben holte Höllerhagen zu Aufnahmen ins Studio und machte eine Platte bei Telefunken mit der Band des Marimbaphonspielers Kurt Engel, der neben seiner Rolle als virtuoser Show-Solist auch ein sehr guter Swingmusiker war. Auch der Pianist Heinz Bätjer engagierte Höllerhagen als Solisten für Plattenaufnahmen mit seinem Swing Orchester.

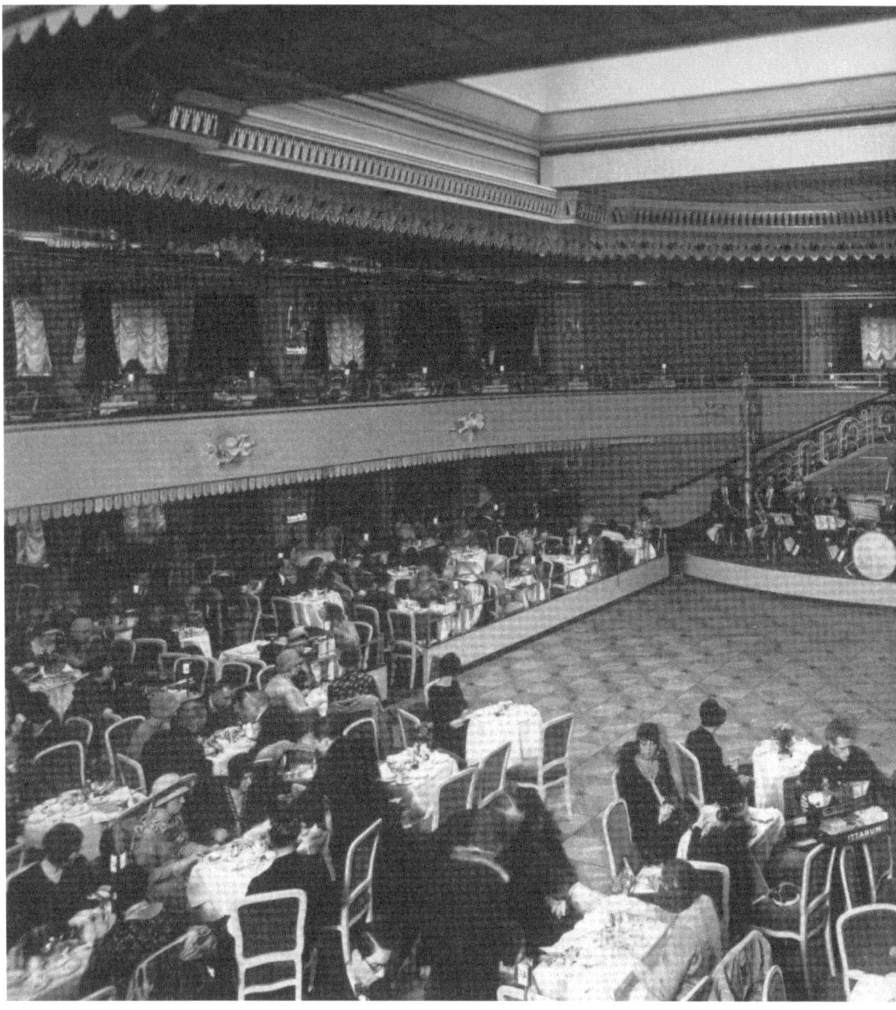

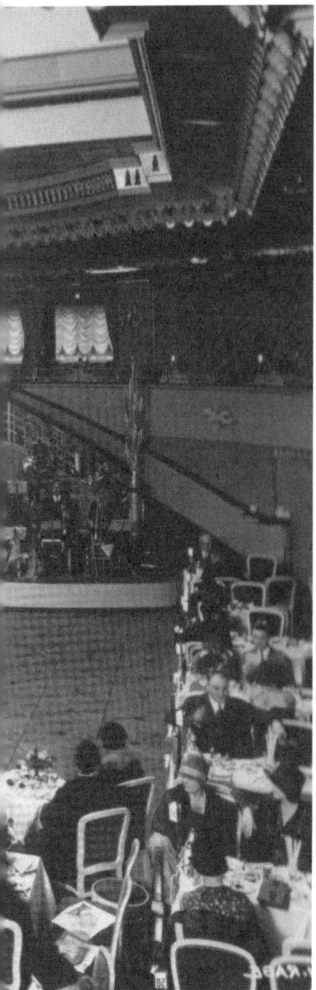

*Femina Palast, Berlin*

*Am 1. Oktober 1929 wurde die »Femina« eröffnet: »Das Ballhaus Berlins« mit 2.000 Sitzplätzen, zwei Riesenbars und drei Kapellen. Von den Garderoben für mehr als 2.000 Personen fährt ein Fahrstuhl, der gleichzeitig 16 Personen befördert, die Gäste in die Tanzbar des ersten Stocks. Gegenüber dieser Bar ist der Haupt-Tanzsaal, der in zwei Rängen bis zum Dach ansteigt. Tischtelephone gibt's und eine Rohrpost mit Zentrale, von der aus junge Mädchen in Uniform die Briefchen austragen. Die Tanzfläche kann ganz oder teilweise um einen halben Meter erhöht werden, um die Darbietungen allgemein sichtbar zu machen.*

*»Das gläserne Dach öffnet sich. Zum Tanztee leuchtet ein blauer Himmel über den Tischen. Nachts schimmern die Sterne, die über den Dächern Berlins stehen, herein. – Beim Tanz überströmt das Parkett die angenehme Frische des Abends.« Die Presse attestierte den Musikkapellen »höchste Spitzenklasse« – immerhin spielte »Tangokönig« Juan Llossas auf (»Wer seine Sorgen nicht vergessen kann, der hört sich Juan Llossas an«). Das Haus an der Nürnberger Straße entwickelte sich zum beliebtesten Swingpalast Berlins, hier traten Teddy Stauffer, Heinz Wehner und weitere berühmte »Kapellmeister« mit ihren Tanzorchestern auf. Der Ballsaal wurde während des Krieges geschlossen, doch in den übrigen Lokalitäten schwofte man weiter – bis zum bitteren Ende.*

*Das »Femina« wurde zum heutigen ELLINGTON HOTEL umgestaltet (www.ellington-hotel.com).*

Während die Hitler-Jugend gegen den Charleston mobil macht und der »Deutsche Frauenorden« in seinen Statuten vor dem »negativen Einfluss des Jazz, der Neger und Juden auf die Sexualmoral« warnt, tanzt das feine Berlin Swing. Und die Orchesterchefs geben dazu die Rolle der Zeremonienmeister der Unterhaltung. Im piekfeinen »Quartier Latin«, in dem Höllerhagen mit Kurt Hohenberger und seinen »Goldenen Sieben« spielt, verkehren der Geldadel und die kulturelle Hautevolee: Schauspieler wie Heinrich George, der Regisseur René Clair und der Tenor Richard Tauber sind hier Stammgäste. Swing ist der Sound, zu dem sich die vornehme Gesellschaft amüsiert: bei Five o' Clock-Tanztees und den glanzvollen Revuen des Großen Schauspielhauses oder der Scala, wo mehr als 3.000 Gäste Platz finden.

Doch längst haben Swing und Sweet auch die Herzen des Massenpublikums erobert. Herrn Jedermann zieht es in die großen Ballhaus-Betriebe wie den Delphi-Palast in der Kantstraße. Hier hat die Moderne schon lange begonnen: Das »Delphi« ist der »letzte Schrei«, hier geht die Post ab und das buchstäblich: Verabredungen zum Tête-à-tête werden per luftdruckbetriebener Rohrpost von Tisch zu Tisch getroffen. Wer's direkter mag, verabredet sich zum Rendezvous per Tischtelephon. Bardamen und Zigarettenboys schaffen eine laszive, prickelnde Atmosphäre. Oder man geht in das legendäre, Ende der 20er Jahre eröffnete Ballhaus »Femina« in der Nürnberger Straße. Noch 1939 – kurz vor Kriegsbeginn – tanzen hier Stepduos vom Broadway, polnische (!) Tanzakrobaten und französische Nackt-Tänzerinnen.

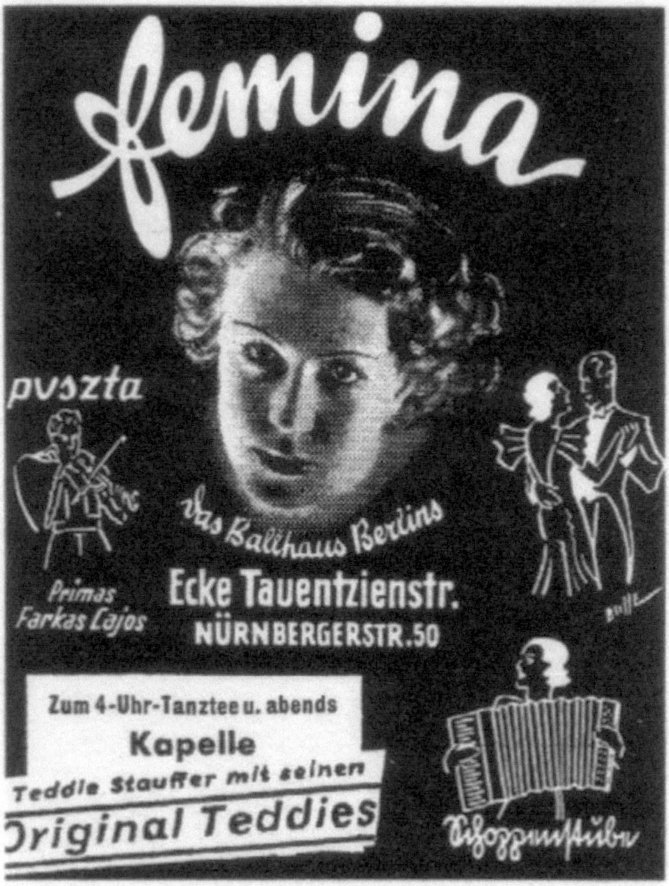


Das »Delphi«, das »Femina« oder das »Kakadu«, das sich in seiner Eigenwerbung zur »schönsten und größten Bar Berlins« erklärte, waren Spielorte für eine Bigband, deren »Stern am europäischen Tanzhimmel« (Marko Paysan) während der Olympischen Spiele 1936 aufging: Teddy Stauffer und seine »Original Teddies«. Der Schweizer Bandleader dürfte – auch optisch – den Nationalsozialisten ins Bild gepasst haben. So sieht es auch Hazy Osterwald: »Teddy Stauffer hatte ja bereits vor dem Krieg großen Erfolg in Deutschland, vielleicht auch deshalb, weil er groß und blond war – eben arierlike aussah.«

Einer der Teddies war Ernst Höllerhagen. Kennengelernt haten sich Höllerhagen und Stauffer in den Berliner Aufnahmestudios der Telefunken, die den Schweizer Bandleader unter Vertrag hatte und mit dem sie nicht übel verdient haben dürfte: Denn die sagenumwobenen Auftritte der »Teddies« in den Unterhaltungskathedralen Berlins und anderer europäischer Großstädte hatten Stauffers Band zu einem der beliebtesten Tanz- und Schauorchester Europas gemacht. Ein Ruhm, der durch die Plattenaufnahmen gemehrt wurde:

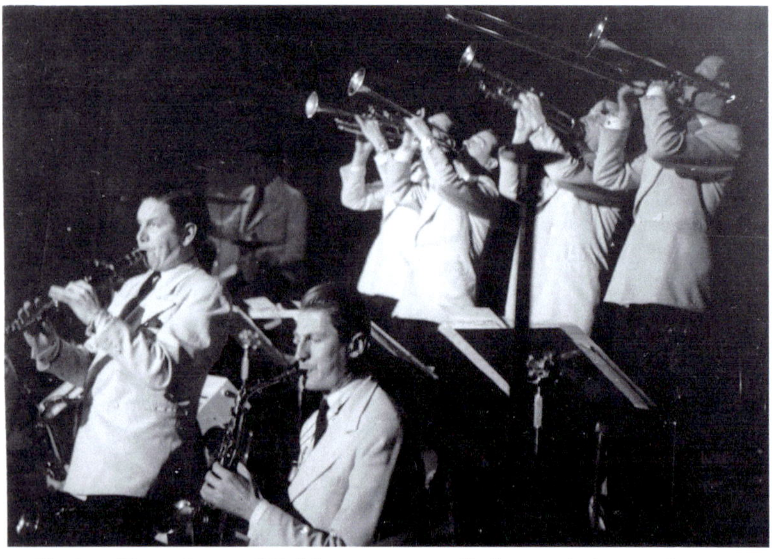

*Teddy Stauffers »Original Teddies«, Ernst Höllerhagen (links), Berlin 1936*

Geschickt präsentierte Stauffer eine populäre Mischung von tanzbarer Unterhaltungsmusik mit modernen Anklängen. Die »Teddies« waren jederzeit – wenn sie wollten – auf der Höhe der Zeit und hatten die aktuellen amerikanischen Erfolgstitel im Repertoire.

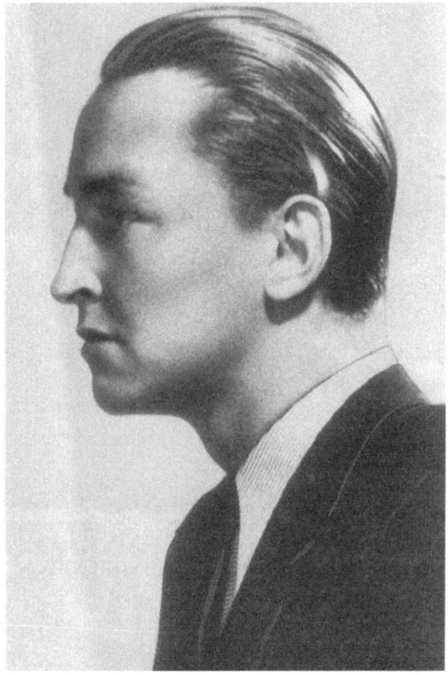

*Teddy Stauffer*

Teddy Stauffer erinnert sich in seiner Autobiographie an die eigentümliche, gespenstische Atmosphäre im Berlin des Jahres 1936: »Wir kamen einen Monat vor Eröffnung der Olympischen Spiele an. Die Stadt lebte im Olympiafieber. Unter den Linden, vom Rathaus bis zum Brandenburger Tor, stellten sie schon Fahnenmasten auf. An den Wänden und auf Dächern wurden Scheinwerfer installiert. Im funkelnagelneuen Reichssportfeld wurden die Bänke noch einmal geputzt. Aber nicht nur Sportler, sondern Uniformträger beherrschten das Straßenbild. Jungvolk, Jungmädchen, Hitler-Jugend, Bund Deutscher Mädel, SA, SS, NSKK, NSFK. Es gab nichts mehr, was nicht organisiert und uniformiert war. Wir spielten im Delphi. Das Publikum tobte. Je mehr wir swingten, um so größer war der Beifall. Allerdings bestand unser Publikum aus Zivilisten. Sie machten auf diese Weise deutlich, dass sie mit den Uniformierten nichts zu tun hatten.

Swing war damals in Europa noch so gut wie unbekannt. Die Machthaber in Berlin hatten ihn trotzdem vorsorglich auf die schwarze Liste gesetzt. Und wir spielten ihn – neu für Europa – ausgerechnet in Berlin. Lange Zeit merkten sie es nicht einmal.

Das kommt davon, wenn man etwas verbietet, was man nicht kennt. Die Kenner klatschten nur und hielten dicht.

Am 14. Juli 1936 machte ich meine erste Platte für Telefunken. Nach den in Deutschland geltenden Bestimmungen war es artfremde Musik – ›Goody goody for me‹ und ›Alone‹ –, aber erstens wussten die zuständigen Leute wirklich nicht genau, was zur deutschen Art passte, und zweitens war man um diese Zeit wohl etwas großzügiger: Die ausländischen Olympia-Gäste rollten bereits an.

Die Amerikaner waren da. Ihre Anwesenheit inspirierte uns im Delphi-Palast zu einem nie dagewesenen Rhythmus. Man tanzte schon am Nachmittag Swing. Die Abende waren von unbeschreiblicher Stimmung. Und mit den Amerikanern tanzten die Berliner.«

Doch nach dem Ende der Olympischen Spiele zeigt das Regime sein hässliches Gesicht. Verbieten kann man den Swing nicht, wohl aber mit einer Politik der gezielten Nadelstiche in die Schranken weisen. Der Krieg rückt näher und da könnte diese lustbetonte Musik deplatziert wirken. Immer häufiger kommt es zu Razzien. Auch das schicke »Delphi« ist davor nicht gefeit. Teddy Stauffer erinnert sich an einen Zwischenfall, dessen Absurdität kaum mehr zu überbieten ist. Ob sich die folgende Episode tatsächlich genau so abgespielt hat, sei dahingestellt. Sie spiegelt aber in jedem Fall die Situation der Swing- und Jazzmusiker im Deutschland der Nazi-Zeit genau wider. Und sie wirft ein bezeichnendes Licht auf den

Menschen Ernst Höllerhagen, der den herrschenden Zeitgeist auf seine Art mit der Klarinette und einem losen Mundwerk satirisch kommentiert. Teddy Stauffer schreibt:

»Ein Jahr später noch, im September 1937, als schon zu Luftschutzübungen aufgerufen wurde, klebte an den Plakatsäulen über den Aufruf zu den Übungen ein Anschlag der *Femina* mit der Inschrift:

*Das Swing-Orchester Teddy Stauffer*
*mit seinen Original Teddies.*

Irgend jemand musste vergessen haben, dass Swing in Deutschland verboten war.

Einmal, im Delphi-Palast, erinnerten sie sich daran.

Das Publikum raste vor Begeisterung. Plötzlich aber, gegen Mitternacht, flogen die Türen auf. Zuerst kam die Polizei. Hinter ihr kamen uniformierte SS-Männer. Unsere Vorführung wurde unterbrochen. Ein paar SS-Männer und Polizisten kamen zu mir. Einer deutete auf ein hinter dem Orchester angebrachtes Plakat und fragte böse: ›Können Sie nicht lesen?‹ Auf dem Plakat stand unübersehbar:

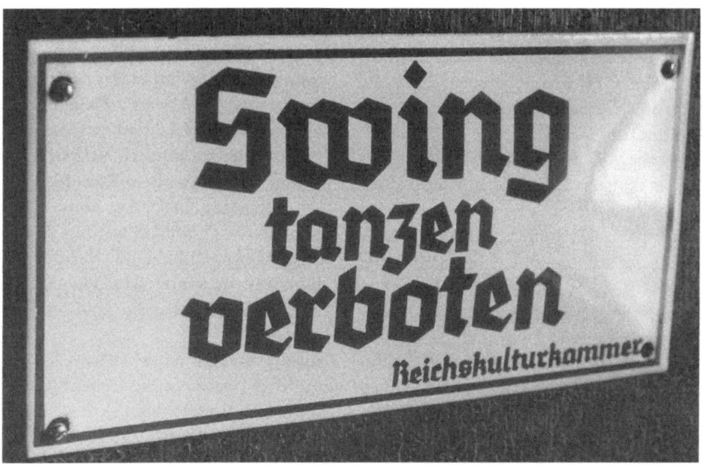

›Natürlich kann ich lesen‹, sagte ich. ›Wir haben in der Schweiz allgemeine Schulpflicht.‹

›Dann verstoßen Sie also absichtlich gegen dieses Verbot.‹

›Tue ich das?‹ fragte ich scheinheilig. ›Spielen wir wirklich Swing? Was ist Swing?‹

Ich erhielt keine Antwort. Statt dessen die Gegenfrage: ›Spielen Sie keine deutsche Tanzmusik?‹

Ich knipste mit den Fingern und rief meinen Musikern zu: ›Los Boys, die Nummer 142!‹ Auf den Notenpulten erschien der Schlager ›Bei mir bist du schön‹.

Die SS-Männer sahen den deutschen Titel und schmunzelten vergnügt. Sie hatten keine Ahnung, dass ›Bei mir bist du schön‹ so etwas wie eine jüdische Hymne war.

Wir hatten noch nicht die Hälfte gespielt, als der Boß der SS-Leute wütend abwinkte. ›Das klingt genau so amerikanisch wie der jüdische Dreck davor!‹ schrie er mich an.

Ich knipste wieder mit dem Finger. ›Buggle Call Rag, bitte.‹ Dabei gab ich Zeichen, im Marschtempo zu spielen.

Unser Schlagzeuger begann im Schweizer Soldaten-Stil im Marschtempo zu trommeln. Nach drei Paukenschlägen setzten wir alle mit Volldampf ein, standen auf und marschierten auf der Stelle im Takt mit. Auch das Publikum marschierte, sitzend. Alles klatschte und marschierte. Der Lärm war größer als bei einer Parade am Brandenburger Tor.

Dann kam das Trompetensolo. Riquet Schleiffer übertrieb das Spiel und schmuggelte in den ›Buggle Call Rag‹ Motive aus dem Horst-Wessel-Lied ein.

Das war des Guten zuviel und der Anfang vom Ende meines Erfolges in Nazi-Deutschland.

Die Herren sahen sich ratlos an, tuschelten miteinander, konnten mir nicht sagen, was Swing sei. Schließlich verabschiedeten sie sich mit bösen Blicken und einem kräftigen: ›Heil Hitler!‹

›Heil Benny Goodman!‹, rief mein Klarinettist ihnen nach.

Ein paar drehten sich um und glotzten den Klarinettisten dumm an. Offenbar wussten sie nicht, wer Benny Goodman war.«

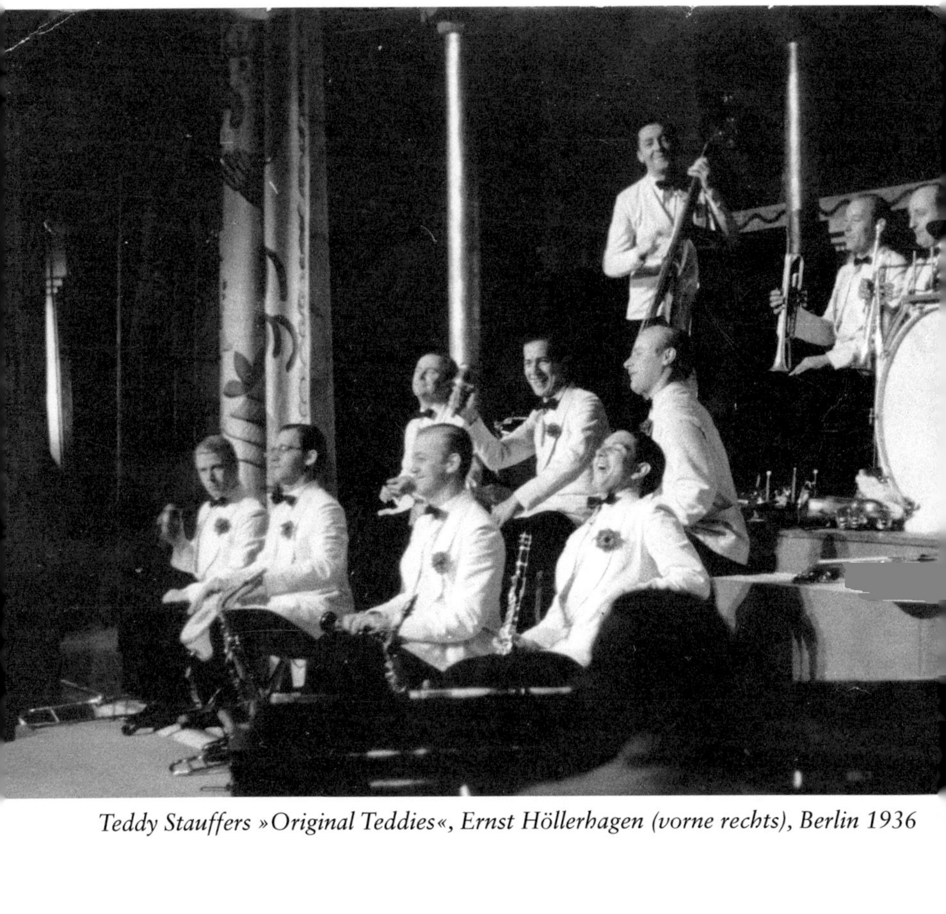

*Teddy Stauffers »Original Teddies«, Ernst Höllerhagen (vorne rechts), Berlin 1936*

Dass Höllerhagen, der Benny Goodman verehrte, die nationalsozialistische Gesinnungsschnüffelei, den miefigen, aus dumpfen Vorurteilen zusammengebrauten Mix aus Rassentheorie und Weltmachtdünkel verabscheute, ist offensichtlich. Seinen mutigen, aber auch extrem gefährlichen Kommentar zum militanten Stil der Nationalsozialisten hatte er auf seine Weise abgegeben. Der nationalistische Wahn der 30er Jahre muss Höllerhagen suspekt gewesen sein: Schon als junger Mann hatte er die Grenzen seines Landes verlassen: ein Globetrotter und Grenzgänger zwischen Ländern und musikalischen Stilen. Er hatte mit Sam Wooding und Coleman Hawkins gespielt: ein Kosmopolit, der nicht in nationalen Kategorien dachte. Er wusste: Mit seinem Talent und seinen Fähigkeiten konnte er überall spielen. Hazy Osterwald erinnert sich: »Wenn man ihn fragte, ob er Nationalsozialist sei, antwortet er: ›Nein, ich bin Saxophonist.‹«

An diese Konzerte mit den Teddies während der Zeit der Olympischen Spiele kann sich der Jazzforscher und Blues-Musiker Günter Boas erinnern. Besonders haften geblieben ist der Eindruck, den das Klarinetten-Spiel Ernst Höllerhagens bei ihm hinterließ. In einem Werkstatt-Gespräch des Wuppertaler VHS-Kurses zur Jazzgeschichte unter Leitung von Ingrid Schuh und Rainer Widmann erzählt Günter Boas:

»Eine sehr bekannte Band war das Orchester Teddy Stauffer. Er war ja Schweizer und konnte sich scheinbar alles erlauben. Es war im Jahre 1936 zur Olympiade in Berlin. Ich habe die Teddies im Delphi gehört, das war ein Tanzpalast, schön auf altgriechisch aufgemacht, mit einer sehr guten Akustik. Da hörten wir einen Klarinettisten in der Band von Teddy Stauffer, der war unbeschreiblich gut. Er hat mich vom Stuhl gerissen. Das war der Erni Höllerhagen. Der spielte besser als der Benny Goodman. Den hatte ich gerade vorher in England gehört. Für mich war Ernst Höllerhagen der größte Klarinettist in Europa. Höllerhagen war das Schärfste auf der Klarinette. Ich habe ihn auch in einer kleinen Formation gehört, zum Beispiel im »Kakadu« in Berlin.«

Auch der Bassist von Benny Goodman, Charly Short, wird 20 Jahre später, als er Ernst Höllerhagen in einer Stockholmer Jazz-Bar hört, zu einem ähnlichen Urteil kommen, doch davon werden wir später noch berichten.

Nachdem er im Mai 1938 bereits mit Teddy Stauffer im berühmten Londoner »Coliseum« aufgetreten war, folgte Ernst Höllerhagen 1939 dem Ruf von Jack Hylton, dem berühmten englischen Bandleader nach London. Hyltons alljährliche Auftritte in der Berliner Scala waren umjubelte gesellschaftliche Ereignisse. Noch 1938 wurde Hyltons Konzert in der Scala live von der BBC nach England übertragen. Es sollte das letzte Gastspiel des beliebten Orchesterchefs in Deutschland sein. Stattdessen reiste nun Höllerhagen nach London. Doch die diplomatischen Spannungen zwischen den beiden Ländern und die gereizte politische Atmosphäre führten zu einem Berufsverbot für deutsche Musiker in England. Höllerhagen blieb ein paar Monate in der britischen Hauptstadt. Dann kehrte er London den Rücken und folgte einem Ruf Teddy Stauffers, der den Klarinettisten fest an sich binden wollte. Höllerhagen ging in die Schweiz.

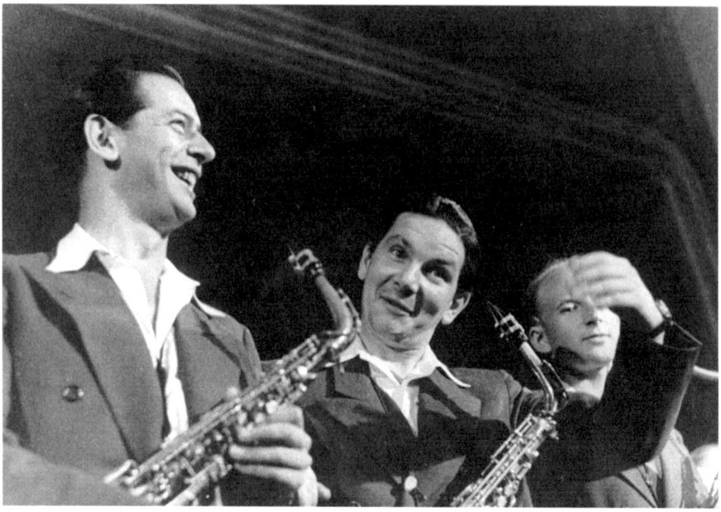

*Eddie Brunner, Ernst Höllerhagen*

## Im Schweizer Exil – »Lieber mit Goodmans Musik sterben als mit Marschmusik leben«

Drei Jahre nach den Olympischen Spielen reißen die Nationalsozialisten die letzten Reste des Potemkinschen Dorfes eines weltoffenen und toleranten Deutschlands ein. Mit dem Überfall auf Polen am 1. September 1939 beginnt der Zweite Weltkrieg. Teddy Stauffer befindet sich zu dieser Zeit in seiner Heimat, der Schweiz. Das Ende des Friedens, der schon lange keiner mehr war, bedeutet auch das Ende der »Original Teddies«. Die international zusammengesetzte Band bricht auseinander, die meisten Musiker kehren in ihre Heimat zurück zu den Waffen. Nicht so Ernst Höllerhagen; er entschließt sich in der neutralen Schweiz zu bleiben. Teddy Stauffer erinnert sich in seiner Autobiographie an den Tag, als der Krieg ausbrach. Für ihn wie auch für Ernst Höllerhagen sollte eine neue Zeit beginnen. Teddy Stauffer erzählt:

»Am 31. August und 1. September 1939 war ich am Dolderberg in Zürich, um auf den wunderbaren Waldplätzen mit meinen Freunden Tennis zu spielen. Ein Wagen mit eingebautem Radio stand oben. Weiß der Teufel, wer den Fahrer veranlasst hat, das Ding in voller Lautstärke laufen zu lassen. Plötzlich brach das Frühkonzert jäh ab. Dann verkündete eine schrille, aufgeregte Stimme die Mobilisierung der Schweizer Armee. Und den Grund: Wenige Stunden vorher waren die Deutschen in Polen eingefallen. Krieg! Das war das Thema des Tages. Die Teddies – das waren am 1. September 1939: ein Ungar, vier Deutsche, zwei Belgier, ein Holländer, eine Chilenin, acht Schweizer und der Siebenbürger André Schuster. Am nächsten Tag waren wir nur noch drei – Ernst Höllerhagen, Jack Trommer und ich. Höllerhagen, der Deutsche, erklärte: ›Ich bleibe Benny Goodman treu. Lieber mit seiner Musik sterben als mit Marschmusik leben.‹ Alle anderen waren nach Hause und zu den Waffen geeilt.«

»Lieber mit Goodmans Musik sterben als mit Marschmusik leben« – das war tatsächlich die Wahl, vor der Höllerhagen an diesem 1. September 1939 stand. Dass der Überfall auf Polen lediglich der Auftakt zum Zweiten Weltkrieg sein würde, musste jedem halbwegs politisch bewussten Menschen klar sein. Ebenso, dass die kleine, politisch neutrale Schweiz vom Großdeutschen Reich leicht hätte überfallen werden können. Eine Sorge, die die meisten Eidgenossen umtrieb. Dass es anders kommen sollte, konnte Höllerhagen nicht ahnen. Ihm wird an diesem 1. September 1939 bewusst gewesen sein, was ihn als Fahnenflüchtiger erwartete.

Doch wie sah die Alternative aus? Zurück ins Reich. Marschmusik in irgendeinem Musikkorps. Am besten in der Etappe für die Generalität. Mit den Wölfen swingen. Goebbels den Marsch blasen. In einer Truppe wie »Charlie and his Orchestra« Musik für Nazi-Propagandazwecke einspielen? Den Geist von Benny Goodman verraten? Und: Höllerhagen wird gewusst haben, was mit seinen musikalischen Mentoren und Wegbegleitern, die jüdischer Abstammung waren, geschah oder geschehen würde: mit Marek Weber oder Swaan und Tokker von den »Swantockers« aus den nun fast vergessenen glücklichen Tagen in Holland.

Die Zeitenwende als Grenzerfahrung, die Höllerhagen endgültig zur Entscheidung zwingt. Wer war er: Ernst – Erni – Höllerhagen? Ja, er hatte in Berlin zum Tanz am Rande des Vulkans aufgespielt. Und ja, er war kein Held des Widerstands. Aber Musiker. Swing-Musiker. Nicht mehr und nicht weniger.

Ernst Höllerhagen entschließt sich, in der Schweiz zu bleiben.

Wäre der Krieg nicht dazwischengekommen, wäre Höllerhagen mit Stauffer und den »Teddies« ein halbes Jahr später, im April 1940, nach New York gefahren. Die Verträge waren bereits geschlossen: Gastspiel in den Paramount-Theatern. Vier Monate Swing atmen in der Welt-Metropole des Jazz. Ein Traum.

Der nun an der Wirklichkeit zerschellt. Stauffer muss seine »Original Teddies« neu formieren, die nun nicht mehr »original« sind. Aber keineswegs schlechter. Frei von Zensurzwängen präsentieren die neuen »Teddies« Swing im hellen Rampenlicht abendlicher Bühnenshows. Und so rollt im Windschatten der Geschichte das Orchester mit eigenem Fuhrpark und den frischesten Swing-Nummern im Gepäck von Auftritt zu Auftritt. Die »Teddies« sind hochwillkommen, wenn sie bei Tanztees oder auf den Terrassen der eleganten Schweizer Luxushotels spielen.

Auch die Schallplattenaufnahmen der »Teddies«, die bei der Schweizer Turicaphon unter Vertrag stehen, sind erfolgreich. Der Sound der Schweizer dringt sogar durch das kriegsgepeinigte Europa bis nach Skandinavien. In einer zeitgenössischen Rezension des schwedischen Fachblatts *Orkester Journalen* vom Januar 1943 wird insbesondere das Spiel Höllerhagens herausgestellt: »Das Saxophonquartett zeigt eine ausgezeichnete Arbeit unter Höllerhagens Leitung, und dank dem bemerkenswerten Arrangement wird die Sache trotz des gleichbleibenden Saxklanges nicht einförmig. Höllerhagen und Brunner zeigen Solistik von hohem Niveau.«

Trotz dieser Erfolge wird Stauffer 1941 die Reise nach Übersee allein antreten. Die Band zerbricht dennoch nicht. Einer der »Teddies«, ein guter Freund Höllerhagens, übernimmt nun die Leitung der Band: der Tenorsaxophonist Eddie Brunner. Es scheint, als ob Brunner das musikalische Format der »Teddies« noch vergrößert habe. Dass indes auch in dieser hervorragend besetzten Band Höllerhagens Spiel herausragte, bestätigt das Fachblatt *Orkester Journalen*, dort heißt es in einer Schallplatten-Rezension im Dezember 1942: »Nachdem Teddy Stauffer vor einiger Zeit sein Orchester verlassen hat und nach Amerika gefahren war, ist das Orchester vom Tenoristen Eddie Brunner übernommen worden, dem es gelungen ist, das Niveau noch um einiges zu erhöhen. Der einzige eigentliche Solist ist der hervorragende deutsche Klarinettist Ernst Höllerhagen.» Trotz dieses Lobes scheint eine gewisse Kritik am Spiel Höllerhagens durchzuscheinen, wenn der gleiche Rezensent Höllerhagen als eine »vollständige und gute Kopie Goodmans« beschreibt. Stimmt das?

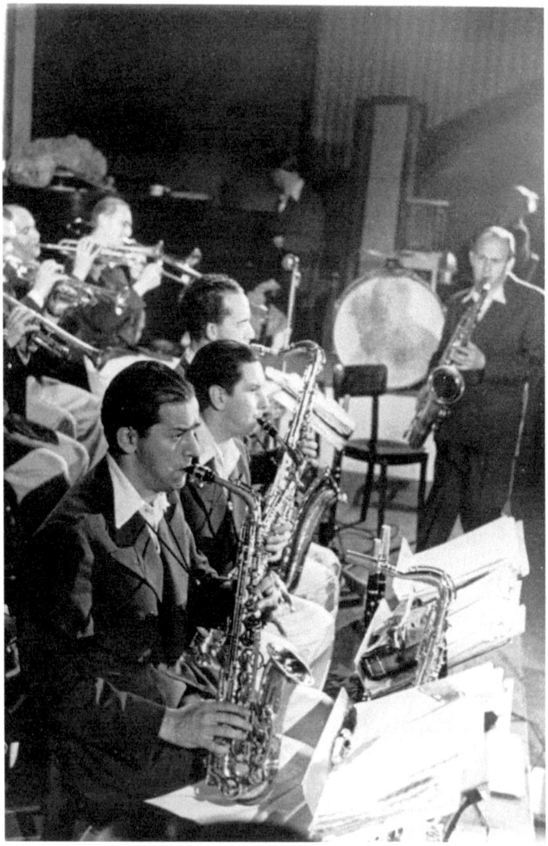

*»Original Teddies«. Leitung Eddie Brunner*

Richtig ist sicherlich, dass Höllerhagen im Unterschied zu Benny Goodman kein stilbildender Musiker war. Allerdings begnügten sich europäische Jazz- und Swingmusiker bis zum Beginn der 50er Jahre ohnehin damit, ihren US-amerikanischen Vorbildern nachzueifern. Das Phänomen des nachahmenden Lernens ist also bis in die 50er Jahre hinein ein ganz typisches Merkmal des europäischen Jazz.

In der zweiten Hälfte der 40er Jahre hatte sich der Swing-Stil Benny Goodmans schon lange durchgesetzt, waren einige Stücke des Amerikaners bereits zu Ohrwürmern geworden. Doch die Liebe Höllerhagens zu Goodmans Musik war älter; der deutsche Klarinettist schätzte dessen Spiel bereits zu Beginn der 30er Jahre, also zu einer Zeit, als diese Musik zum Modernsten gehörte, was es in Deutschland zu hören gab. Höllerhagens Verdienst war es, die Qualitäten dieser Musik erkannt und mit dazu beigetragen zu haben, die Musik Goodmans in Deutschland bekannt zu machen.

In der Schweiz kam Ernst Höllerhagen schnell in Kontakt mit der Jazz-Szene. Den Gitarristen André »Billy« Toffel, als Sänger der Star der »Teddies«, der 1949 seinem früheren Chef Teddy Stauffer nach Mexiko folgt, kannte Höllerhagen schon aus Berlin. Mit Billy Toffel spielte er bis zur Auflösung der »Teddies« 1947 in der Schweiz. Aus dieser Zeit gibt es zahlreiche Plattenaufnahmen, zu denen Bandleader Eddie Brunner 1940 auch den Pianisten Fred Böhler und den Schlagzeuger Charlie Blatter ins Studio holte. Fred Böhler war bereits in den 20er Jahren einer der Schweizer Jazz-Pioniere. Als Charlie Blatter eine eigene Band hatte, gelang es ihm, den in Musikerkreisen sehr geschätzten Ernst Höllerhagen im Februar 1945 zu einem mehrwöchigen Engagement in die Züricher »Corso«-Bar zu verpflichten.

## Als Weißer unter Schwarzen – Aufnahmen mit Willie Lewis

Während im nationalsozialistisch besetzten Europa Swing und Jazz langsam verklingen, ist die politisch neutrale Schweiz eine Insel, auf der diese Musik lebt. Und das Land nimmt schwarze Musiker auf, die den Sprung über den Großen Teich zurück nach Amerika nicht rechtzeitig geschafft haben. So kommt Anfang 1941 der schwarze Bandleader Willie Lewis mit seinem »Negro Orchestra« in die Schweiz. Die heranrückende deutsche Armee hat die schwarzen Musiker, die zu Kriegsbeginn in Holland und Belgien gearbeitet haben, zur Flucht gezwungen.

In der Schweiz angekommen, wird es schon bald zur Begegnung zwischen dem schwarzen und dem weißen Altsa-

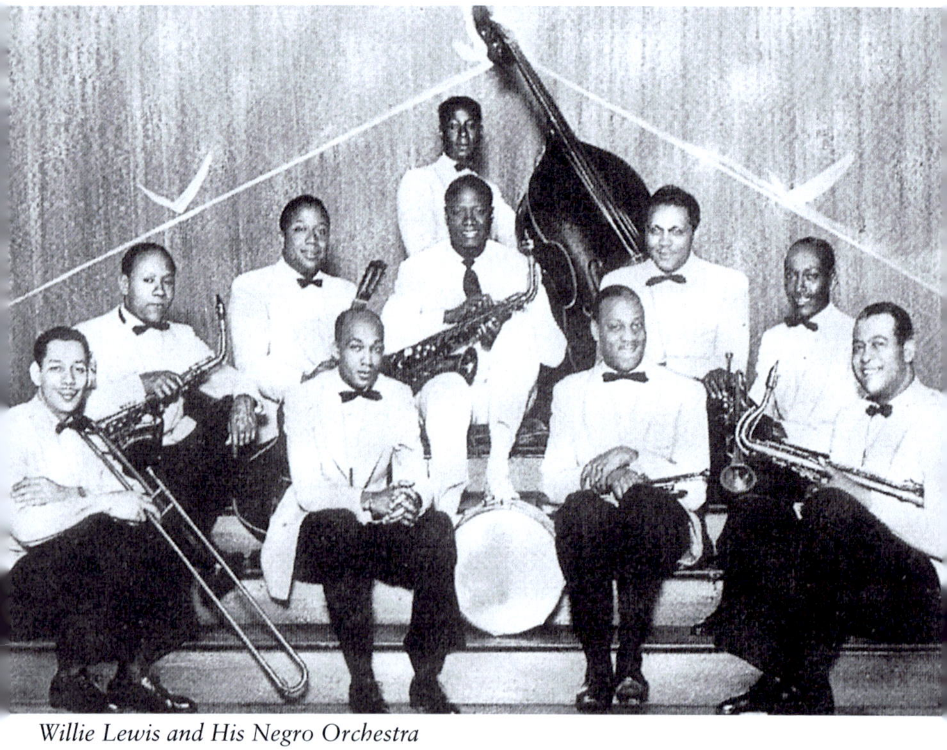

*Willie Lewis and His Negro Orchestra*

xophonisten kommen: Lewis wird Höllerhagen in seine neu gegründete »Negro Band« integrieren.

Wer war dieser schwarze Musiker, dessen Name in der Jazz-Geschichte heute fast vergessen ist? Willie Lewis kam bereits 1925 mit Sam Wooding nach Europa. Nach der Auflösung der Wooding-Band 1931 in Brüssel hatte Lewis vor, mit einigen Musikern dieser Formation eine eigene Band zu gründen. Er war so etwas wie eine Anlaufstelle für Musiker geworden, die aus den USA in die Alte Welt kamen. Auch wenn der Name Willie Lewis heute in der Jazz-Geschichte fast nur noch eine Fußnote ist, so war er doch, wie der Jazz-Historiker Jimmy T. Schmid im Fachblatt ›*swissjazzorama*‹ im November 2000 (*Jazzletter* 1) urteilt, »einer der wenigen schwarzen Musiker, die vor und während des Zweiten Weltkrieges dem europäischen Publikum zeigten, was man unter dem Begriff Jazz verstehen sollte«. Als Lewis mit seiner Band in Zürich die Gelegenheit erhält, Schallplattenaufnahmen für das Schweizer Label Turicaphon zu machen, holte er Ernst Höllerhagen ins Studio. Die Aufnahmen wurden in der Reihe »The Golden Swing Years« auf »Elite Special« wiederveröffentlicht.

Doch die Zusammenarbeit mit Lewis endet schon bald. Ende 1941, knapp vor dem endgültigen Torschluss, reisen die meisten Musiker der Band via Südfrankreich zurück in die Vereinigten Staaten.

1942 gründet Höllerhagen dann mit Musikern der »Teddies« ein eigenes Quartett, eine Studioformation, mit der er bis 1948 Schallplatten aufnimmt. Die Aufnahmen gehören zum Besten, was es in diesem Bereich gibt: Swing und Hot Jazz der europäischen Spitzenklasse. Neben Höllerhagen an der Klarinette sitzt Buddy Bertinat am Piano, Paul Eisberg am Schlagzeug; Jean Favré ist der Bass-Mann. Auf einigen dieser Einspielungen ist auch das Vibraphon von Hazy Osterwald zu hören. Die Einspielungen dieses Ensembles sorgten für Furore und reißen Musik-Journalisten zu Lobeshymnen hin: »Wieder eine verwunderlich gute Platte mit Schweizer Musikern (Ernst Höllerhagen kann wohl jetzt fast als Schweizer betrachtet werden). Klarinettist und Pianist brauchten sich der besten amerikanischen Gesellschaft nicht zu schämen, und das hat einiges zu sagen! Ernst Höllerhagen habe ich bisher nicht so gut spielen hören und Bertinat muß wohl zu den besten europäischen Jazzpianisten gerechnet werden« (*Orkester Journalen*, 6/1943). Und an anderer Stelle heißt es: »Dieses Schweizer Ensemble unter der Leitung des Deutschen Höllerhagen spielt unverschämt guten Jazz für eine europäische Band« (*Orkester Journalen*, 7/1944).

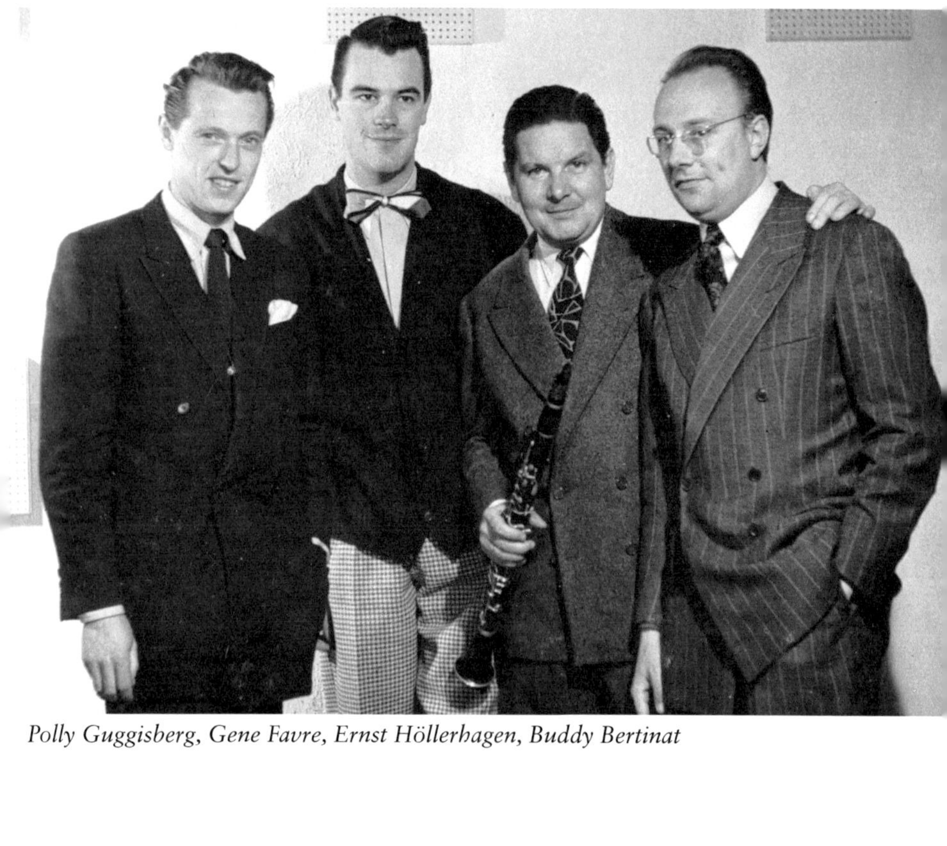

*Polly Guggisberg, Gene Favre, Ernst Höllerhagen, Buddy Bertinat*

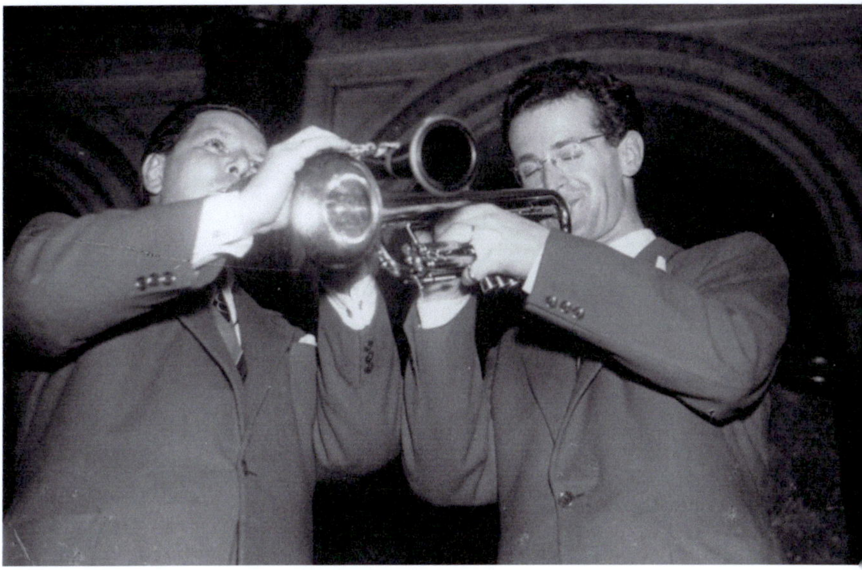

## Hazy und Erni: Eine Musikerfreundschaft

Für Hazy Osterwald, der sich an jenem Abend im Februar 2002 im Zimmer des Hotels »Goldener Löwe« in Kevelaer an Erni Höllerhagen erinnert, sind diese Aufnahmen ein Stück Schweizer Jazz-Geschichte: »Ernst Höllerhagen hat mit anderen dazu beigetragen, dass Menschen in der Schweiz während des Krieges wirklich guten Jazz hören konnten.«

Osterwald begegnet seinem späteren Freund Höllerhagen zum ersten Mal während der schweizerischen Landes-Ausstellung in Zürich 1939. Hazy Osterwald: »Ich war damals 17 und als Schüler mit der Klasse zu Besuch bei der Ausstellung. Teddy Stauffer spielte in einem Nachtlokal. Um ihn zu hören, trennte ich mich von meiner Klasse. Ich war damals verrückt nach dieser Musik und wollte die Band unbedingt hören.« Fünf Jahre später wird Osterwald nicht mehr nur verrückt nach dieser Musik sein, er wird sie spielen – und zwar bei den »Teddies«, die jetzt unter der Leitung von Eddie Brunner stehen. »Ich selbst hatte 1941 Abitur gemacht und wollte eigentlich studieren. Aber dann war da der Krieg. Viele Musiker, die in der Schweiz engagiert waren, verließen das Land. Diese Chance habe ich genutzt, denn ich hatte Talent und Freude an der Musik.« Zwischen Osterwald und Höllerhagen, den der Schweizer heimlich bewundert, entwickelt sich eine Musikerfreundschaft.

Doch Osterwald bleibt nicht lange bei den »Teddies«. Er hat eigene Pläne. Noch im September 1944 gründet er sein eigenes Orchester. Von Anfang an wünscht sich Osterwald, dass Höllerhagen bei ihm spielt. Drei Jahre und eine unglückliche Liebesgeschichte später wechselt Höllerhagen dann zu seinem Freund. »1947 habe ich Ernst in mein Orchester aufgenommen. Ich hatte ihm einen Vertrag angeboten und Ernst meinte: ›Es ist Zeit, dass ich zu dir komme.‹ Wir verstanden uns musikalisch sehr gut. Er wusste, dass ich durch den Jazz einen frischen Wind in die herkömmliche deutsche Tanzmusik bringen würde. Aber auch da sind wir nicht stehen geblieben, sondern haben einen weiteren Schritt nach vorn gemacht.« Doch nicht nur in dem Orchester spielen die beiden Musikerfreunde zusammen, sondern auch in dem 1949 gegründeten Osterwald Sextett, das noch im gleichen Jahr auf dem legendären Pariser Jazz-Festival für Furore sorgt.

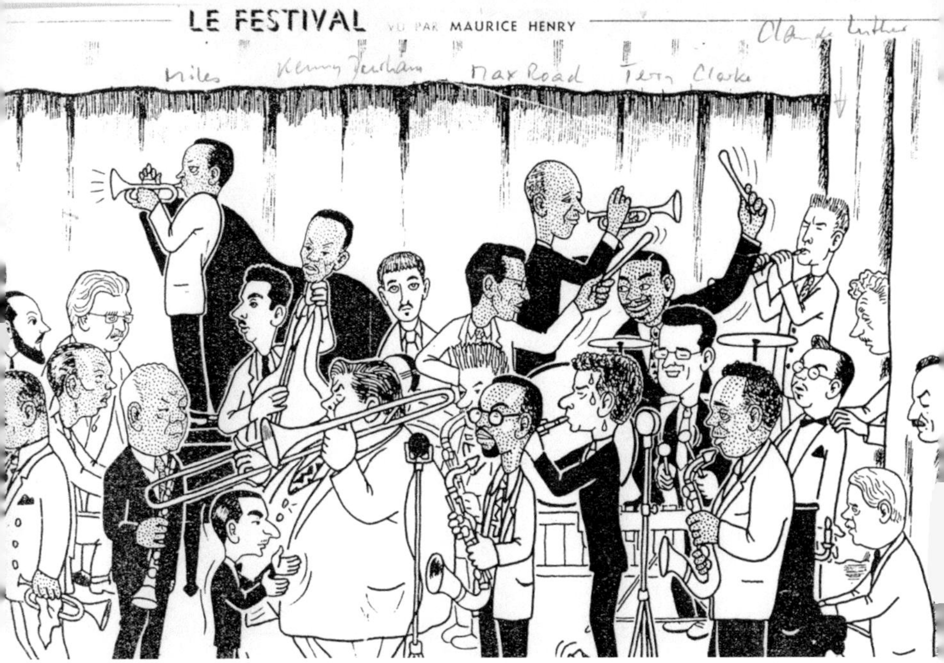


*arrikatur des Meetings beim Internationalen Jazzfestival, Paris 1949 von Maurice Henry*

## Mit Charlie Parker an der Bar

In der Seine-Stadt ist die Crème de la Crème des amerikanischen und europäischen Jazz versammelt. Ein Riesenereignis, auch für Hazy Osterwald: »Es war das erste wirklich bedeutende Jazz-Festival nach dem Krieg in Europa, vielleicht der Welt.« Dabei hätte Höllerhagen – als Deutscher Persona non grata – eigentlich nicht einreisen dürfen. »Doch die Organisatoren haben großen Wert darauf gelegt, dass er mit kommt. Die Franzosen kannten ihn, es waren wirkliche Jazz-Kenner.« Und so prangt auf den Plakaten – die Franzosen hatten damals kein typographisches Äquivalent für das deutsche »ö« – der Name »Hollerhagen« neben Jazzgrößen wie Charlie Parker, Miles Davis, Sydney Bechet, Don Byas, Bill Coleman, Django Reinhardt.

Für Höllerhagen und das Osterwald Sextett, das die Schweiz präsentieren darf, ist das Festival eine großartige Chance, die neuesten Stilentwicklungen hautnah mitzuerleben. Höllerhagen und Osterwald hören Charlie Parker, den Altsaxophonisten und Großmeister des Bebop, diese rasenden, nervösen Phrasen, die musikalischen Quantensprünge der Blue Notes, die Auflösung der Harmonie, die der Swing, Höllerhagens Musik, noch kannte. Die Zertrümmerung und Dekonstruktion des Themas in flüchtige melodische Fetzen – musikalische Chiffren, die es zu entschlüsseln und zu rekonstruieren galt. Nicht eben leicht, wenn man aus einer anderen Tradition kam, auch nicht für Profimusiker wie Höllerhagen und Osterwald: »Ernst Höllerhagen war ein großer Swing-Klarinettist, spielte aber keinen Bebop. Er war fast zehn Jahre älter als ich. Charlie Parker und seine Musik interessierten ihn. Für uns alle war er damals ein bisschen zu weit vorne. Wir hatten alle Mühe, seine Musik mit den Harmonien und Phrasierungen zu verstehen und zu begreifen, worum es ging. Wir waren immer noch Swing-Leute, und der Bebop war für uns eine andere Welt, die wir durch dieses Jazz-Festival kennen gelernt haben. Ernst Höllerhagen war auch offen für diese neue musikalische Strömung. Wir alle suchten noch nach Fortschritten und haben später auch Bebop gespielt.«

Höllerhagen und Osterwald, der zur Abschluss-Session des Festivals auch mit Miles Davis und den anderen Koryphäen gemeinsam auf der Bühne des »Salle Pleyel« stand, begegneten der Jazz-Legende Charlie Parker in einer Bar. Hazy Osterwald: »Ich war noch jung und hatte den Mut, Charlie Parker anzusprechen, als wir ihn einmal ganz still an einem Jazz-Nachmittag damals in Paris mit einem Glas Wasser an der Bar sahen. Ich ging auf Charlie zu und sagte: ›What are you doing here, drinking water?‹ Darauf Bird: ›Taste, taste, not bad, don't take it off‹ und lachte.«

*Hommage an Charlie Parker, Relief von Gerd Hanebeck*

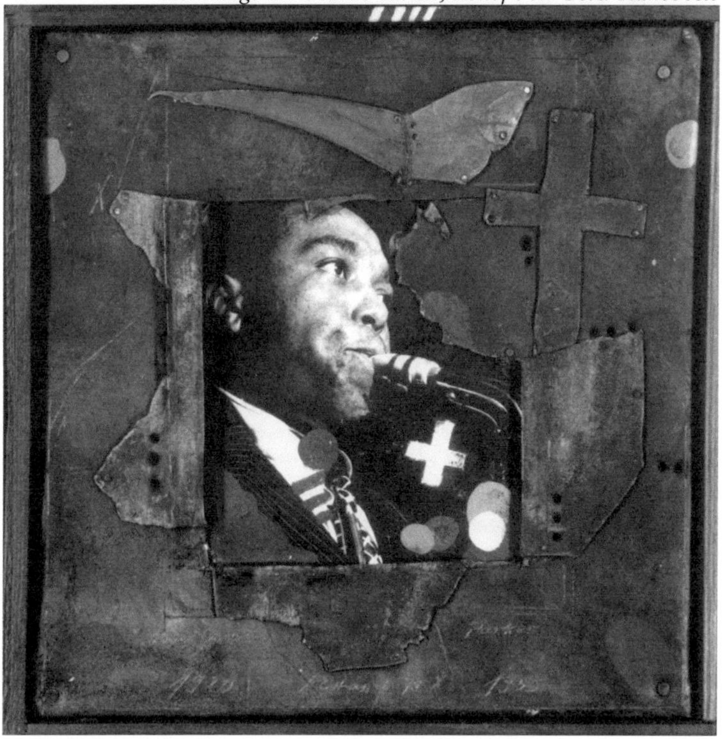

*Musik ist deine eigene Erfahrung, sind deine Gedanken, ist deine Weisheit.*
*Wenn du es nicht lebst,*
*kommt es nicht heraus aus deinem Horn.*
*Sie wollen dir weismachen, das Reich der Kunst sei von einer Grenze umgeben. Aber die Kunst hat keine Grenze.*

*Charlie Parker*

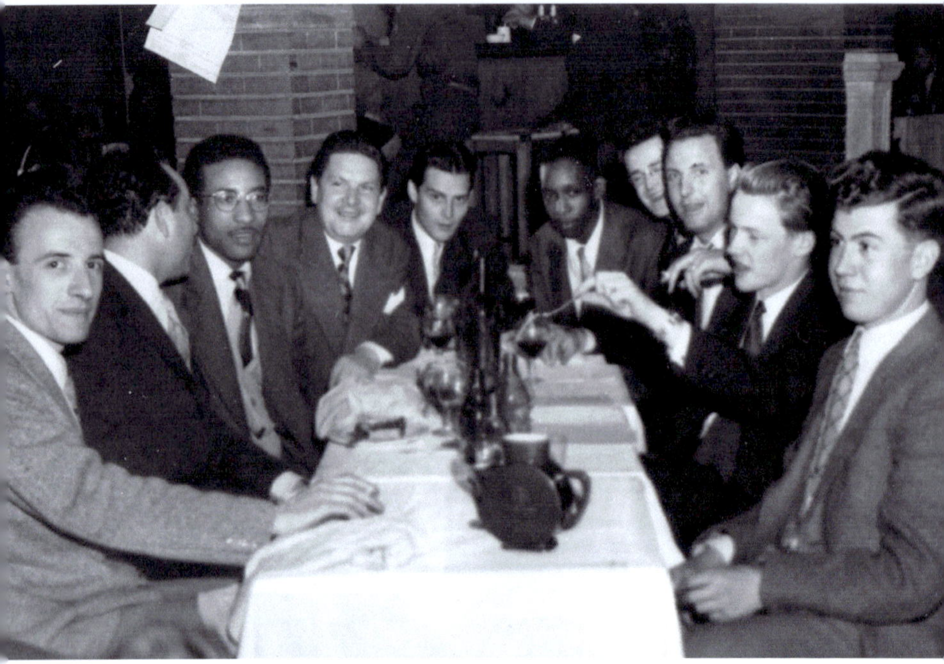

*Meeting beim Internationalen Jazzfestival, Paris 1949: Gill Cuppini, Flavio Ambrosetti, Max Roach, Ernst Höllerhagen, Francis Burger, Kenny Dorham, Hazy Osterwald, Sunny Lang, Pierre Cavalli (von links)*

Paris war ein Höhepunkt. Danach ging es streckenweise hinab in die Niederungen des Musikeralltags. Tingeltangel-Touren durch Ami-Clubs im Frankfurter Raum und in Wiesbaden. Doch über den Kontakt zu den Amerikanern ergaben sich auch ungewohnte Chancen. Ein Musik-Manager, der für die Unterhaltung der US-Truppen in Übersee verantwortlich war, zeigte sich hingerissen vom Osterwald Sextett: »Wir wurden immer wieder für zwei bis drei Monate im Jahr engagiert. Wir sind von Afrika bis in den Norden nach Schottland geflogen. Das war meine schönste Zeit als Musiker. Wir waren in Casablanca, und in die Sahara sind wir verpflichtet worden für einen Tag.«

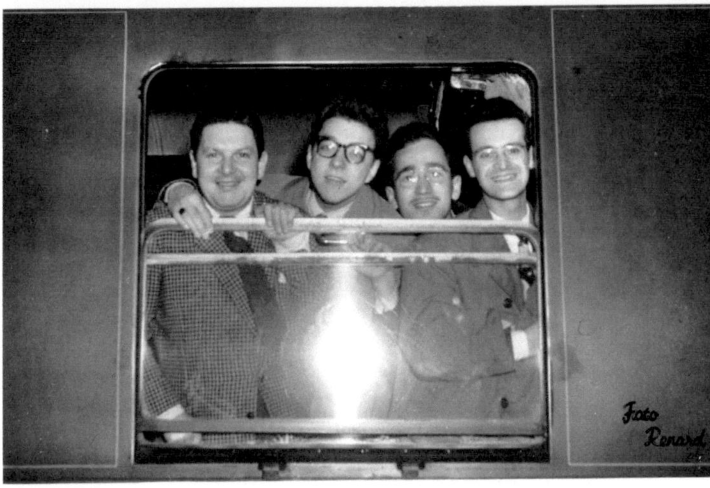


*Ernst Höllerhagen, John Ward, Curt Prina, Hazy Osterwald (von links)*

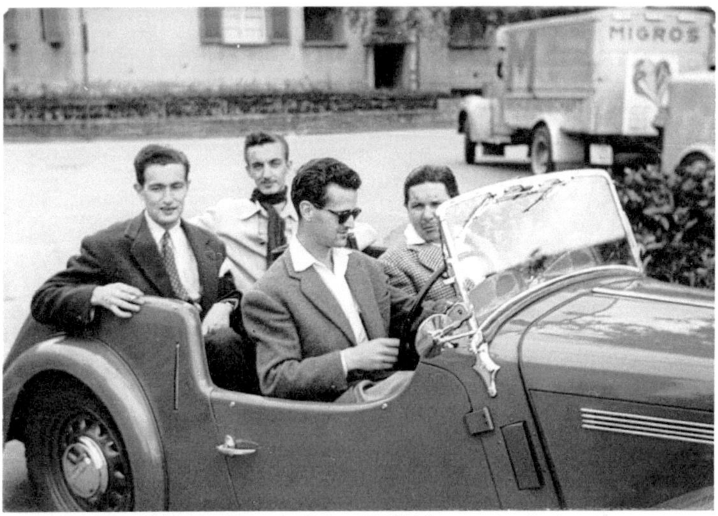


*Hazy Osterwald (am Steuer), Ernst Höllerhagen (rechts)*

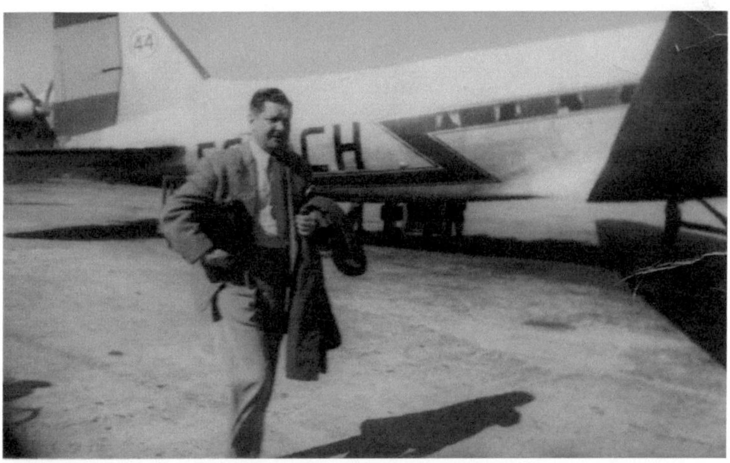

## Salumaleikum-Filme & Wirtschaftswunder

Doch davon allein kann man nicht leben. Und so nimmt Osterwald mit seinem Sextett Film-Angebote an, »darunter«, so Osterwald, »ausgesprochen schlechte«. »Salumaleikum-Filme« nennt er diese Unterhaltungsstreifen, die mit exotischem Dekor und flotter Musik, mit »Liebe, Tanz und 1000 Schlagern« von den Kriegswunden im Wirtschaftswunderland ablenken sollen.

»Wir Musiker haben immer versucht, dennoch etwas Wertvolleres daraus zu machen. Man hat uns als Araber verkleidet. Wir wurden manchmal vergewaltigt.« Doch die Filme haben aus Musikersicht auch ihr Gutes. Sie machen das Osterwald Sextett bekannt und populär, sodass das Publikum nun zu den Live-Konzerten strömt. Auch das Fernsehen wird jetzt auf die Band aufmerksam. Und so wirkt Höllerhagen als Musiker bei einem Film für den Süddeutschen Rundfunk mit: »Eine kleine, große Reise«. Das Drehbuch stammt von Martin Walser und Regisseur Michael Pfleghar. Für Hazy Osterwald ein großer Erfolg: »Das war natürlich für uns alle ein Sprung nach oben!«

Jahre später – Ernst Höllerhagen war bereits sechs Jahre tot – sollte das musikalische Showtalent noch einmal im Film erscheinen. 1961 wird die Lebensgeschichte Hazy Osterwalds verfilmt. Da darf Höllerhagen natürlich nicht fehlen. Doch wer soll den Musiker spielen? Osterwald kann sich zwischen zwei Schauspielern entscheiden: Harald Juhnke und Peer Schmidt. Hazy Osterwald entscheidet sich für Peer Schmidt, »den ich mir wegen seiner kleineren Statur eher als Ernst Höllerhagen vorstellen konnte«. Der Constantin-Verleih bringt den Film unter dem Titel »Musik ist Trumpf« in die Kinos. Doch wäre nicht vielleicht Juhnke, der die Schattenseiten des Lebens kannte, der geeignetere Darsteller für Höllerhagen gewesen?

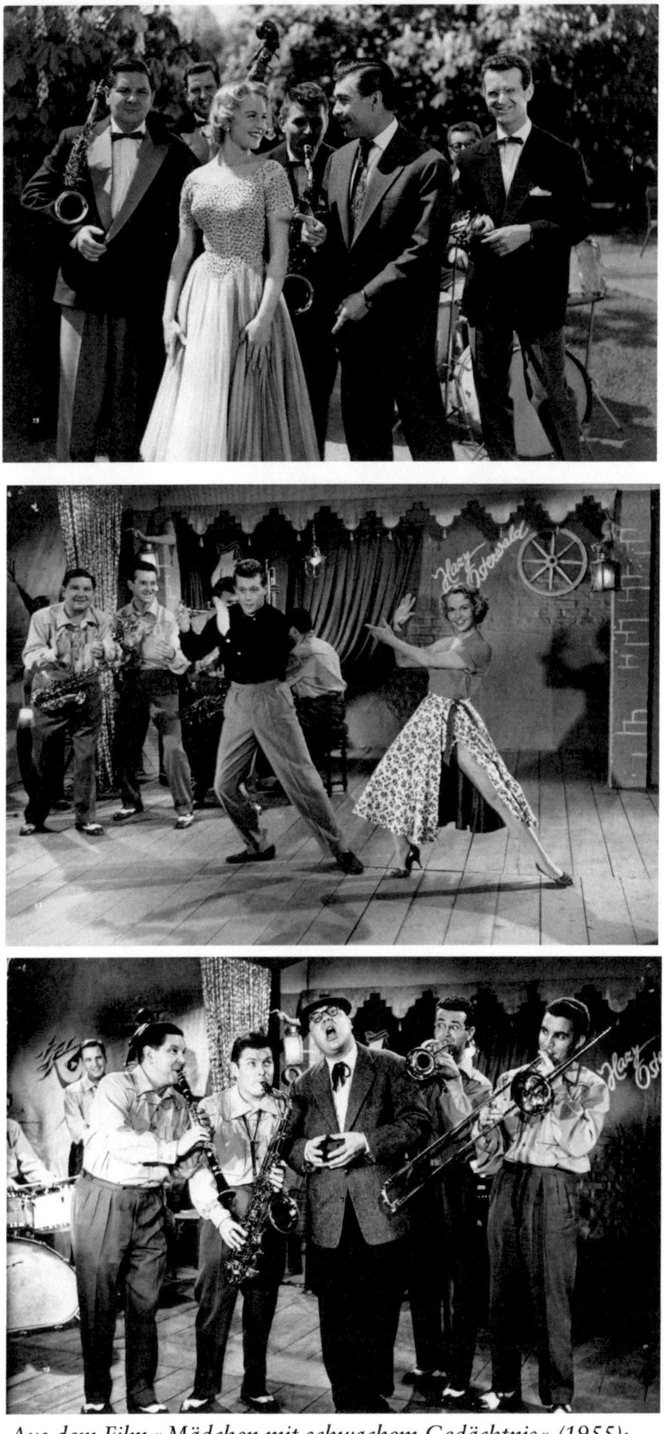


*Aus dem Film »Mädchen mit schwachem Gedächtnis« (1955); mit Germain Damar, Peter Weck, Heinz Erhard und dem Hazy Osterwald Sextett (Ernst Höllerhagen links)*

*Hazy Osterwald auf der legendären Skandinavien-Tour 1950, bei der es zum Zusammentrefffen des »King of Swing« Benny Goodman und Ernst Höllerhagen kam*

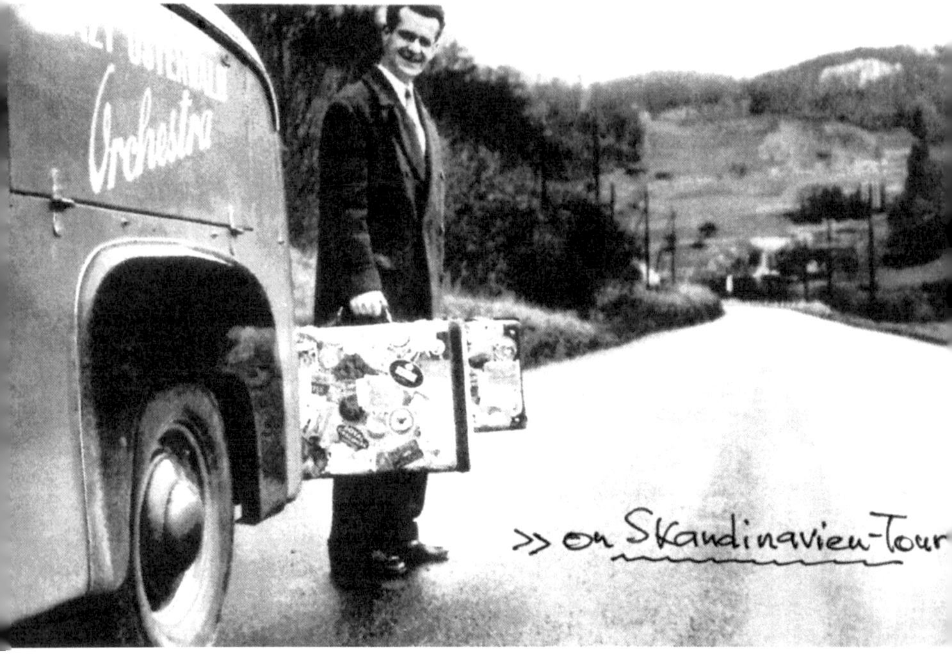


## Contact Benny – Der »King of Swing« hört zu

Die über Film, Funk und Fernsehen neu gewonnene Popularität hilft dem Osterwald Sextett, gute Plattenverträge auszuhandeln. Schellack-Scheiben tragen die Musik des Sextetts über den Kontinent. Einladungen zu Gastspielen sind die Folge. Besonders Skandinavien lässt sich gern von den Schweizer Swing-Musikern einheizen. Reisen führen Höllerhagen mit dem Osterwald Sextett nach Dänemark, Schweden und Finnland. Für den deutschen Klarinettisten dürfte 1954 das Gastspiel in der Kopenhagener »Scala« der absolute Höhepunkt gewesen sein. Dort begegnet er seinem großen Vorbild Benny Goodman. Ende 1944 hatte Höllerhagen in Zürich eine wunderbar leicht perlende, luzide und elegante Swing-Nummer als Hommage für sein Vorbild eingespielt: »Contact Benny«.

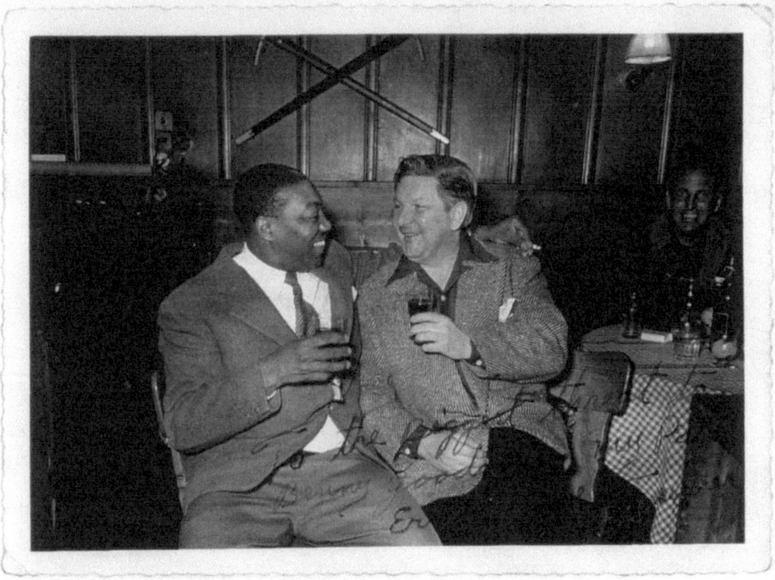

*Ernst Höllerhagen mit dem Pianisten Joe Turner. Auf der Rückseite des Fotos steht die Widmung Turners an Ernst Höllerhagen: »To the biggest threat to Benny Goodman« (»Die größte Herausforderung an Benny Goodman«)*

Nun wird der Wunsch Wirklichkeit. Wolfgang Muth schreibt, dass der »King of Swing« vom Spiel seines deutschen Kollegen so begeistert gewesen sei, dass er ihm seine Klarinette geliehen habe, eine Art musikalischer Ritterschlag. Daran kann sich Osterwald, der bei der Begegnung zugegen war, nicht erinnern. Wohl aber an den starken Eindruck, den Höllerhagens Spiel auf Goodman machte: »Benny Goodman kam also mit Svend Asmussen, einem der besten Jazz-Geiger, zu uns in die Scala. Da war eine Party von etwa zehn Leuten an einem langen Tisch, und während einer Stunde haben wir Musik im Stil von Benny Goodman gemacht, Höllerhagen an der Klarinette, ich am Vibraphon. Benny hat die ganze Stunde lang der Party den Rücken zugedreht und uns zugehört. Er hatte nur noch Augen für uns. Der Ernst war ja wirklich das nächste zu Benny Goodman, was es gab. Charly Short, Goodmans Bassist, hat später in dem englischen Jazz-Magazin *Melody-Maker* geschrieben: ›In Kopenhagen hörten wir einen deutschen Klarinettisten, der alles spielte, was Benny Goodman spielte – nur besser.‹ Oh, ich meine, das war vielleicht übertrieben. Man nahm ja von uns Europäern nicht an, dass wir amerikanische Klasse waren. Aber wir waren's. Aber wir waren's. «

Mit dem amerikanischen Saxophonisten Zoot Sims, der ebenso wie der Trompeter Roy Eldridge 1954 mit Benny Goodman in Skandinavien unterwegs war, hatten Osterwald und Höllerhagen bereits 1953 in Frankfurt Kontakt, als der Westcoast-Musiker mit dem Stan Kenton Orchester in der Stadt gastierte und einige der Musiker sich nach dem Konzert im Frankfurter Jazzkeller *Domicile* zusammen fanden. Zu nächtlicher Stunde kam es dort zu einer heißen Session, an der auch Ernst Höllerhagen und der Frankfurter Trompeter, Jazzbuchautor und Clubgründer Carlo Bohländer beteiligt waren.

*Jam Session im Café Java, Basel 1947*

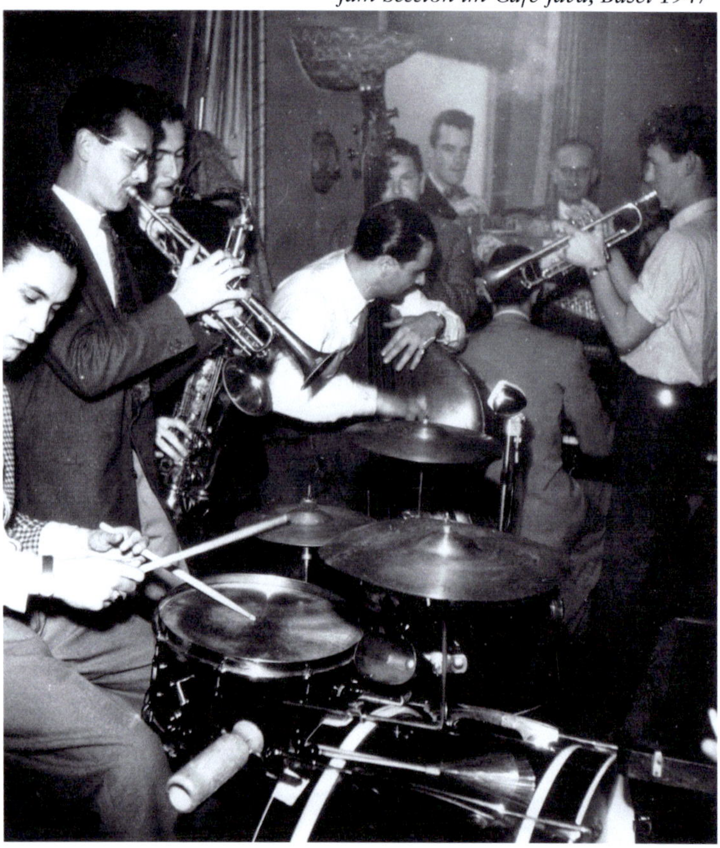

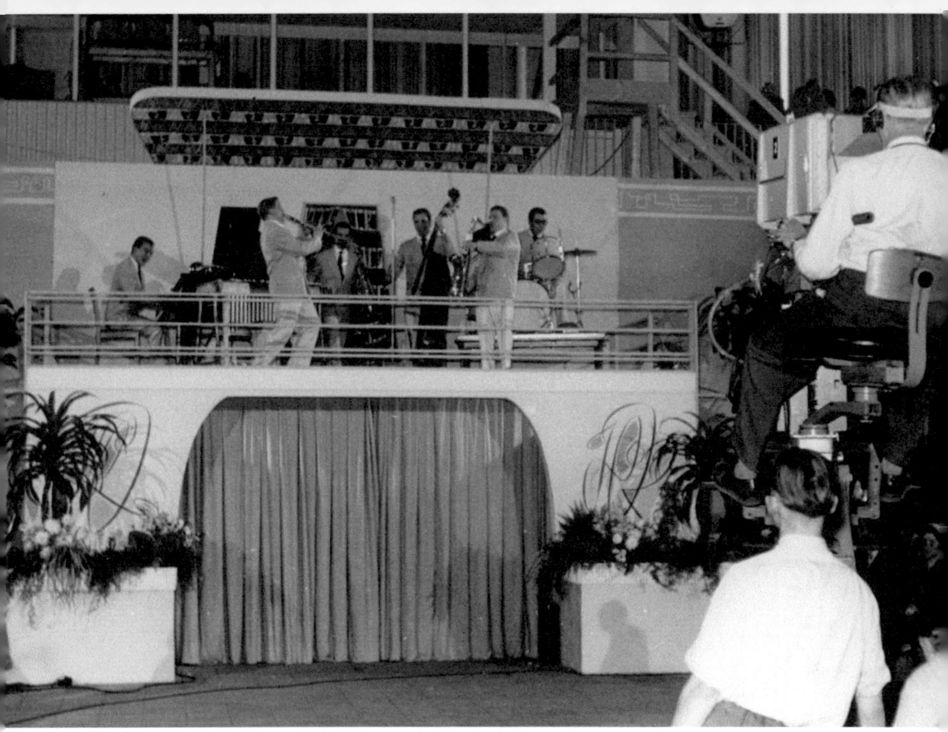

*Funkausstellung Düsseldorf, September 1955*

## Das Hazy Osterwald Sextett: Jazz- und Showband

Nach der Auflösung seiner Bigband gründete Hazy 1949 das Osterwald Sextett, das bald weit über die Schweiz hinaus eine äußerst erfolgreiche und sehr populäre Showband wurde. Ihr wahres Können zeigte die Formation aber vor allem als herausragende Jazzcombo, die mit vielseitigen Spitzenmusikern besetzt war. Zu ihnen gehörte neben Hazy Osterwald als Trompeter und am Vibraphon, der Bassist Sunny Lang (Günther Langenbacher) und das belgische Wunderkind am Schlagzeug John Ward. Gemeinsam bildeten die beiden eine perfekte Rhythmusgruppe. Der Pianist Francis Coppieters und der Gitarrist Pierre Cavalli waren in den Anfangszeiten dabei, schieden dann aber aus. Für sie kamen neu dazu der Pianist und Vibraphonist Curt Prina, der auch Posaune

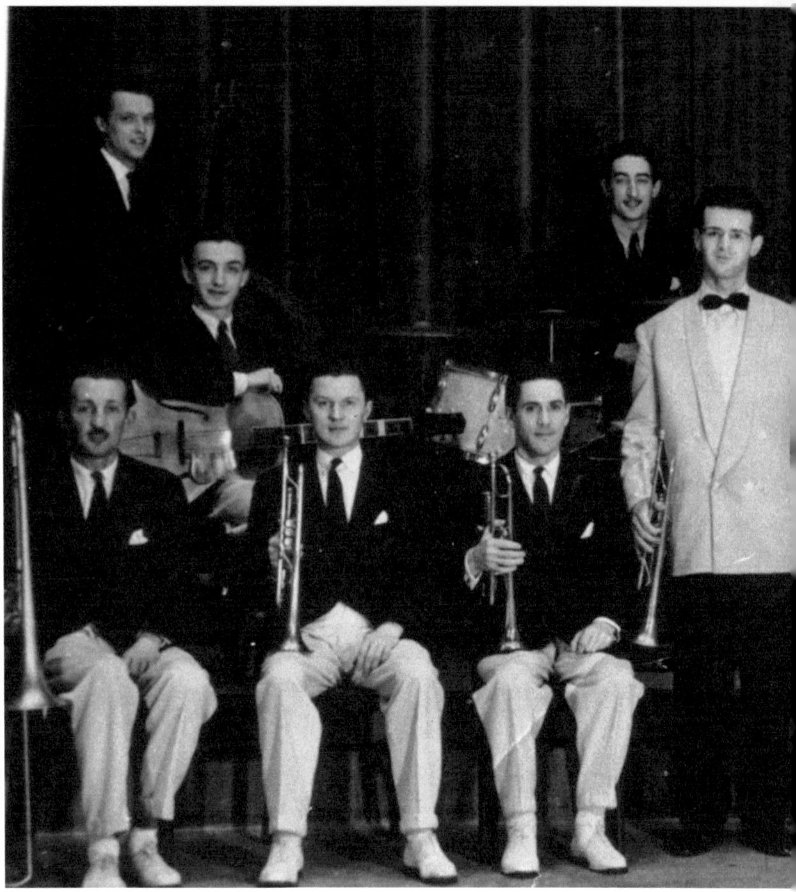

spielte, sowie der Pianist und Saxophonist Dennis Armitage. Doch vor allem Höllerhagen hat entscheidend zum unverwechselbaren Sound und zur Klasse dieser Jazzformation beigetragen: Der Schweizer Musiker und Journalist Bruno Spoerri hebt in seinem Buch »Jazz in der Schweiz« (Zürich 2005) »den in jeder Hinsicht überwältigenden Klarinettisten ›Ernie‹ Höllerhagen« hervor, »der zuerst den Linien Benny Goodmans folgte und später – in seinen besten Zeiten – sein Vorbild stilistisch überholte«. Über Höllerhagen schreibt Spoerri, dass er »zudem ein Komödiant mit beißendem Humor und Neigung zu ›practical jokes‹ gewesen sei, die heute

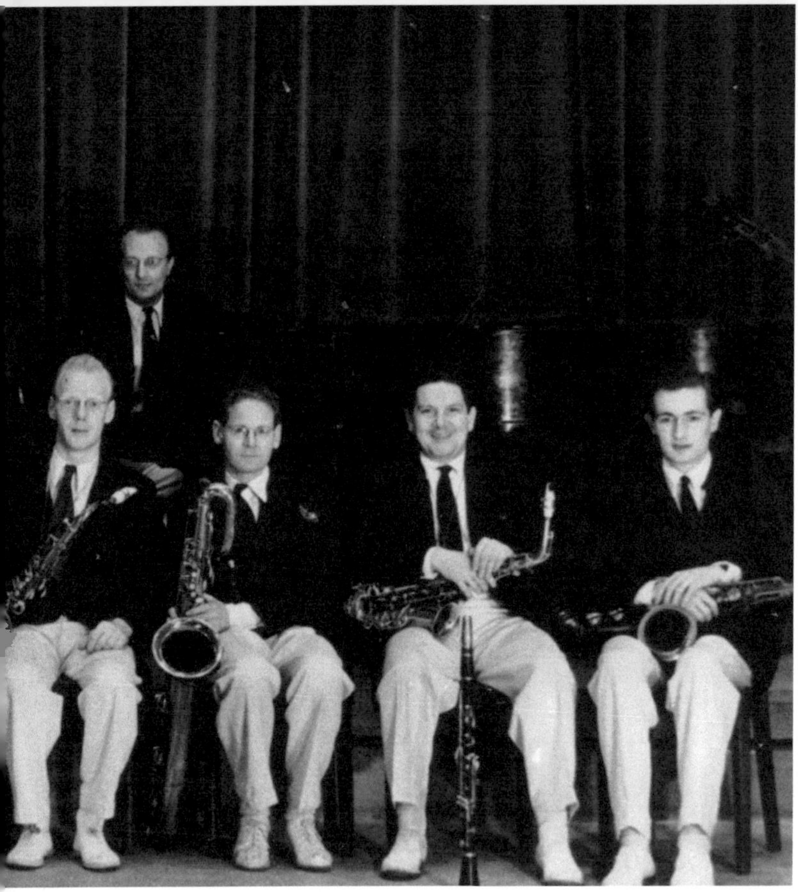

*Das Hazy Osterwald-Orchester, Genf 1947*

noch herumerzählt werden.« Und weiter schreibt er über die Band: »Wenn die Gruppe Jazz spielte, brillierte sie mit ausgefeilten Arrangements, stupenden Soli und war gleichzeitig fähig, nebenbei noch komische Momente einfließen zu lassen. Unvergesslich bleibt, wie das Sextett in einem gemeinsamen Konzert mit der Bigband von Kurt Edelhagen die große Band fast von der Bühne fegte, auch unvergesslich die Parodien auf zeitgenössische Schlagerhelden.«

Doch nach dem Tod Höllerhagens sollte sich vieles ändern. Mitte der 50er Jahre rockt Deutschland mit Bill Haley Around The Clock. Elvis, der King of Rock 'n' Roll, leistet bei den US-amerikanischen Truppen in Wiesbaden seinen Militärdienst ab und verwandelt die junge Bonner Republik in ein kollektives Jailhouse. Musik kommt jetzt aus der Jukebox. Doch Jazz rotiert immer seltener auf den Plattentellern der Musikboxen. Für einen Groschen kann man im Wirtschaftswunderland wählen zwischen Bill Haley und Peter Kraus, der sich ein »Sugar Baby« wünscht. Der Jazz war für junge Deutsche nach dem Krieg noch Projektionsfläche ihrer Sehnsüchte nach Freiheit von Nazi-Ideologie und erstarrten Konventionen. Zehn Jahre später lassen die Teenies und Twens nun beim Rock 'n' Roll ihren Emotionen freien Lauf.

Das ist nicht die Musik Hazy Osterwalds, der sich gezwungen sieht, musikalisch neue und kommerziell erfolgreiche Wege zu gehen. Der »Kriminaltango« wird zu einem großen Erfolg und noch heute mit Osterwald identifiziert. Der Bandleader eröffnet Diskos und erfindet die Gogo-Girls, worauf er noch heute stolz ist. Erst viel später wird er zum Jazz zurückkehren. Da aber ist sein Freund und musikalischer Wegbegleiter Ernst Höllerhagen nicht mehr an seiner Seite.

*Hazy Osterwald-Sextett*

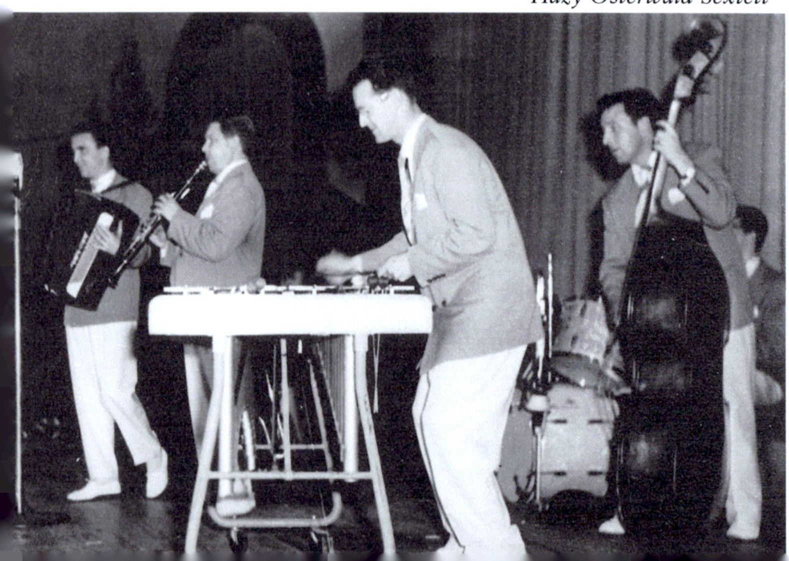

## Lebensbilder: Reise durch ein Leben in Standphotos

Wer war der Mensch hinter diesem Musiker, der mit seinem Klarinettenspiel sogar Benny Goodman berühren und großen Respekt abringen konnte? Welche Lebensenergie trieb ihn an – und in die Selbsttötung; kein Jahr nach der Begegnung mit dem »King of Swing«?

Höllerhagen hatte seine Heimat in der Musik gefunden und beim Osterwald Sextett. Er war ein anerkannter, zum Teil bewunderter Musiker. Zumindest in Fachkreisen hatte er sich den Ruf erspielt, der »europäische Benny Goodman« zu sein. Woher rührten die immer häufiger auftretenden Depressionen, von denen sein Freund Hazy Osterwald spricht?

Spurensuche.

Der Jazz-Historiker Dölf Stöcklin charakterisiert Höllerhagen als einen verschlossenen, in sich gekehrten Menschen, dem es schwer fiel, Gefühle zu zeigen: »Auf Höllerhagen, sei es als Freund oder Musiker, war immer Verlass, in jeder Situation. Als Mensch wirkte er zwar bedeutend schwieriger und unausgeglichen, aber er gewann durch sein umgängliches und geduldiges Wesen viele Freunde. Er verstand es nur in den seltensten Fällen, Gefühle zu erwidern; zum weiblichen Geschlecht hatte er deshalb keine festeren Beziehungen.«

Einmal aber scheint Höllerhagen sich ganz und gar auf einen Menschen einlassen zu wollen. 1943 heiratet er Gret Keller, die Jugendliebe seines Freundes Hazy Osterwald. »Für mich«, sagt Osterwald, »war sie die ›Judith‹ oder ›Judy‹, unter diesem Namen hatte ich sie kennen gelernt. Sie erinnerte mich an Judy Garland, für die ich schwärmte. Judy war meine Jugendliebe.« So wie viele gute Jazzer in den musikalischen Leerstellen, in den kurzen Pausen zwischen Takt und Takt, das Entscheidende mitteilen, so schweigt Osterwald für einen kurzen Moment. Dann sagt er: »Sie war keine Künstlerin. Sie war ein hübsches Mädchen.« Ein Schlussstrich-Satz. Doch dann kommt – wie eine Coda – noch ein Satz: »Ich habe mir sehr große Mühe gegeben, mit dem Ernst absolut korrekt zu sein, und das ist mir auch gelungen.«

Noch im Jahr der Hochzeit kommt die Tochter Vreneli zur Welt. Zehn Jahre lang begleitet Gret ihren Mann Ernst zu den Gastspielen. Endlich scheint zusammenzupassen, was für fast alle Musiker so schwer zu leben ist: Musik und Privatleben in Einklang zu bringen. »Sie führten eine glückliche Ehe«, sagt Martha Blockhaus.

Stimmt das? Die Bilder jener Zeit zeigen einen gelösten, fröhlichen Mann: lachend, scherzend im Kreise der Famile, häufig auch gemeinsam mit seinen Musiker-Kollegen.

*Ernst Höllerhagen und Tochter Vreneli*

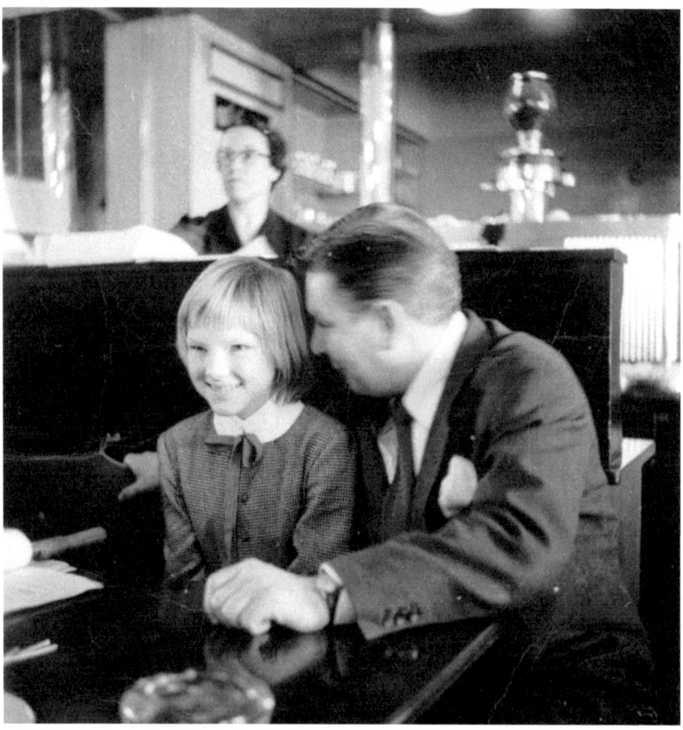

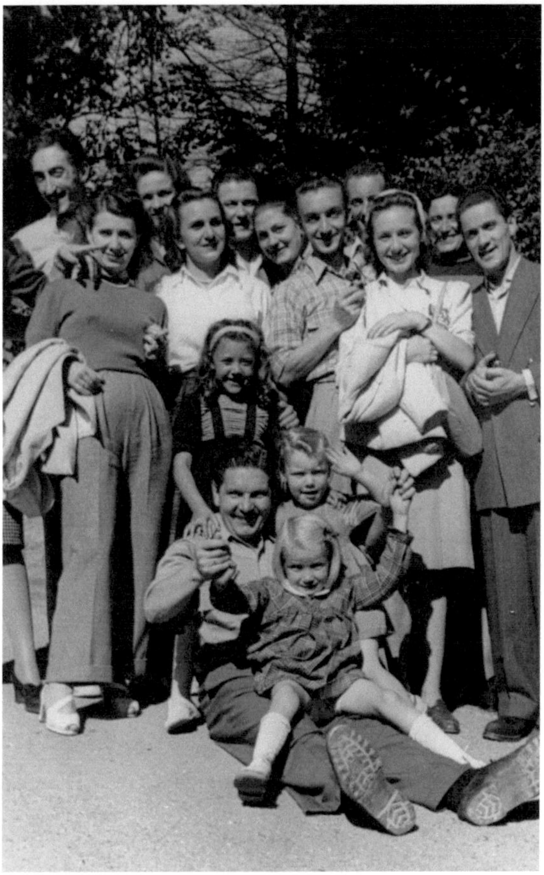

*Ernst Höllerhagen mit Tochter und Frau im Kreis von Freunden*

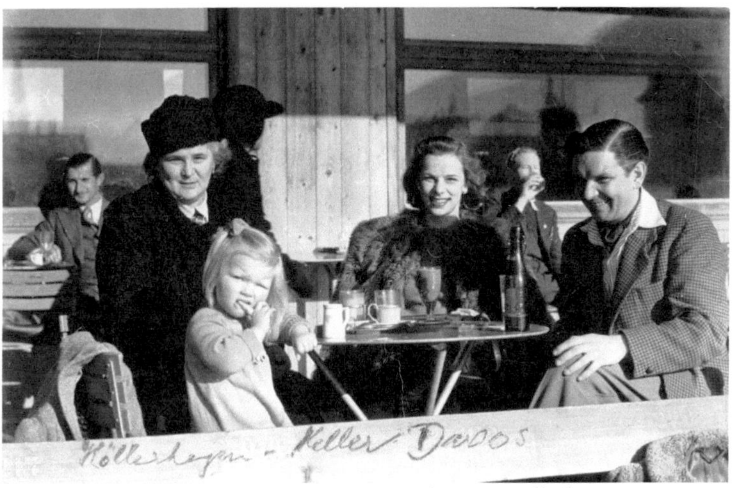


*Schwiegermutter, Tochter Vreneli, Gret und Ernst Höllerhagen, Davos im Februar 1946*

Doch die Ehe zwischen Ernst und Gret Höllerhagen geht nicht gut. Martha Blockhaus vermutet, dass Gret mit einem Amerikaner durchgebrannt ist. Osterwald hat eine andere Vermutung: »Es gab da eine tragische Geschichte. Judys Vater ist tödlich verunglückt. Er hatte seinen Wagen oben an seiner Garage abgestellt und die Bremsen vermutlich nicht fest genug angezogen. Jedenfalls rollte der Wagen den Berg herunter und erdrückte ihn. Und dann hat Judy im Nachttischfach ihres Vaters eine halbe Million Schweizer Franken gefunden; damals war das eine Wahnsinnssumme.

Das war dann wohl der Grund, sich von Ernst zu trennen. Obwohl sie das sicherlich bestritten hätte. Am nächsten Tag hat sie jedenfalls die Scheidung eingereicht. Sie ist mit der gemeinsamen Tochter nach Amerika gegangen. Kein Mensch weiß genau, wo sie ist. Auch ihre Tochter hat man nicht gefunden. Sie hatte jeden Kontakt zu Ernst abgebrochen. Er hat darunter gelitten, auch darunter, seine Tochter nicht zu sehen.« Gret, deren Spuren sich für Höllerhagen in den USA verlieren, verbietet ihrer Tochter jeglichen Kontakt mit dem Vater. Selbst in Filmen darf die Tochter ihren Vater nicht sehen. Das schreibt sie in ihrem letzten Brief an den Vater. Es ist, als ob Gret sämtliche Spuren der Erinnerung auslöschen, ein Jahrzehnt aus dem eigenen Leben streichen will. Warum macht sie das?

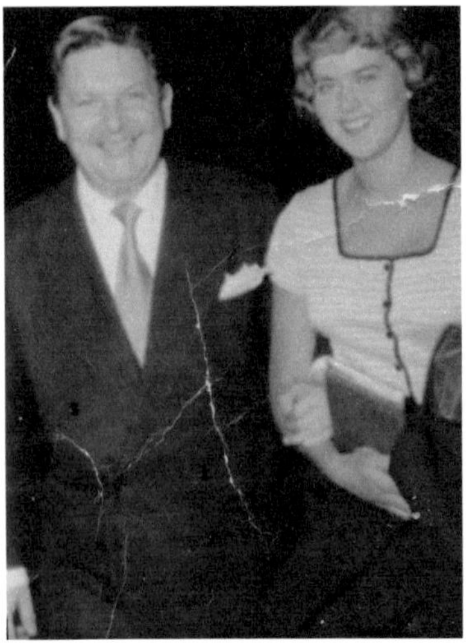

*Ernst und Gret Höllerhagen*

Die letzte bekannte Adresse Grets datiert aus dem Todesjahr Höllerhagens, 1956. Da wohnt Gret im noblen Viertel

Flushing im Stadtteil Queens, New York, und ist mit einem Dr. Howard Garson verheiratet.

Für Ernst Höllerhagen, der in seinem Leben schon einmal einen wichtigen Menschen verloren hat, ein Trauma. Eine Erfahrung, die sich noch einmal wiederholen sollte, wie Hazy Osterwald berichtet: »Dann hat er nach vier Jahren ohne Frau eine hübsche junge Freundin gefunden, und die hat ihn dann nach einem Monat wieder verlassen.« Die Depressionen, die nun immer häufiger auftreten, sind nun ein Teil seiner Persönlichkeit.

Vielleicht gib es auch einen Zusammenhang mit der langjährigen Trennung von seiner Familie in Wuppertal? Erst 1954 – nach mehr als 15 Jahren – besucht Höllerhagen Vater und Schwester, sieht seine Heimatstadt wieder. Sein sehnlicher Wunsch, einmal in Wuppertal im Thalia-Theater aufzutreten, ist für Ernst Höllerhagen nie in Erfüllung gegangen. Als Hazy Osterwald mit seinem Sextett 1957 dort gastiert, erinnert er in Anwesenheit der gerührten Schwester Martha in seiner Ansage an den unerfüllten Traum seines Freundes.

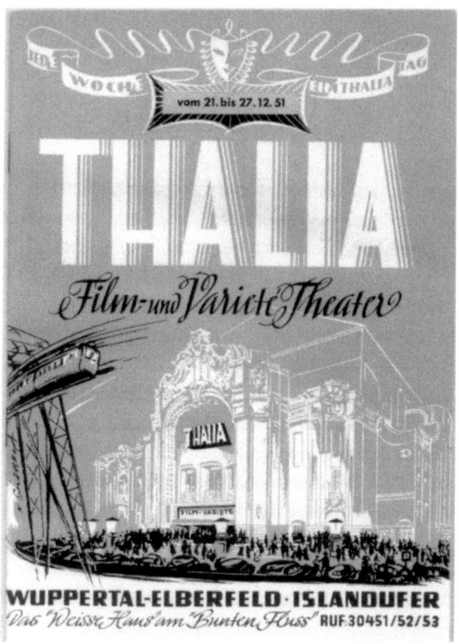

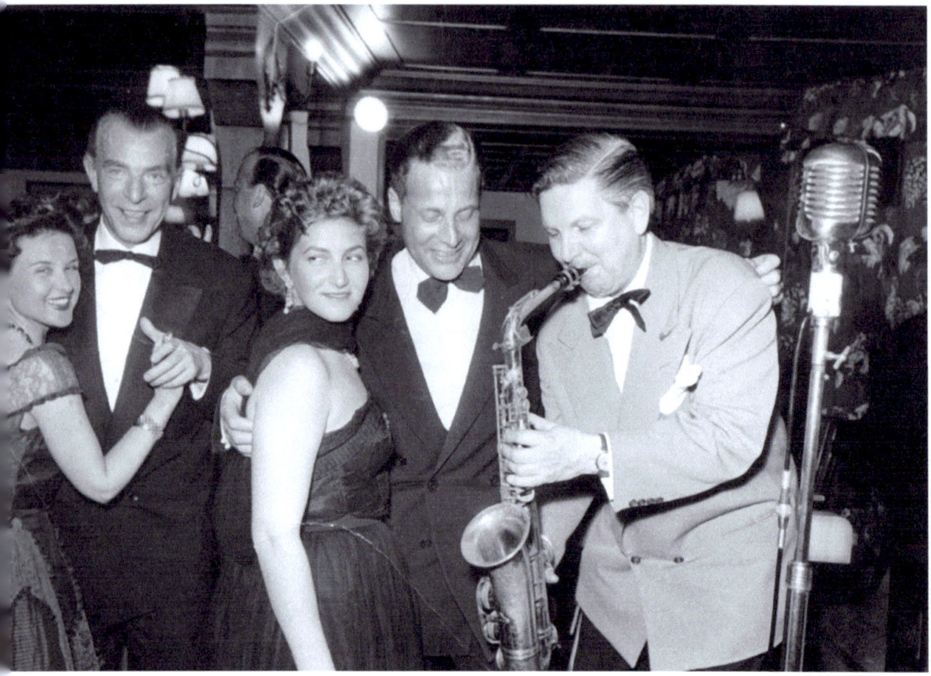

*Arosa, 1954*

Trotz dieser dunklen Seiten beschreibt Martha Blockhaus ihren Bruder als einen fröhlichen Menschen: »Ein Witzbold, genau wie mein Vater und ich. Er hatte auch schauspielerisches Talent. Unwahrscheinlich. Das hat ihm gelegen. Im übrigen glichen sich Vater und Sohn wie Zwillinge. Alles, was sie taten – sehen, sprechen, musizieren –, begleiteten sie mit stark ausgeprägter Mimik und Gestik. Sie sprachen mit den Händen.« Auch die Filmleute waren ja auf das schauspielerische Talent Höllerhagens aufmerksam geworden. Es scheint, als habe Höllerhagen in der überschäumenden Freude am Spiel, an der Musik, an Schauspiel und Parodie, das andere Gesicht seiner janusköpfigen Existenz gezeigt.

Fotos von Ernst Höllerhagen aus dem Familienalbum von Martha Blockhaus zeigen diese beiden Seiten: Das spitzbübische Lächeln des vielleicht 14-jährigen Jungen, der in chaplinesker Aufmachung auf der Bühne steht und lustig auf einer Flöte bläst. Ein anderes Foto zeigt den bereits 40-jährigen Höllerhagen, wie auf einer Party Klarinette bläst, selbstvergessen im Rausch des Spiels mit großer Leichtigkeit sein Instrument auf beiden Daumen balancierend; die Augen scheinen aus dem Kopf zu treten vor lauter Übermut. Einen in seinem Glück authentischen Erni Höllerhagen sehen wir auf den Fotos, die ihn beim Sport zeigen. Als 16-jährigen Torwart. Auch später noch in der Schweiz hat er gekickt. Fotos zeigen ihn beim Skilaufen bei rasanter Abfahrt, auf anderen Bildern sehen wir ihn bestens gelaunt beim Après-Ski, beim Eislaufen oder Eishockey, wo er – wieder – im Tor steht. Hier wirkt er echt, ganz er selbst.

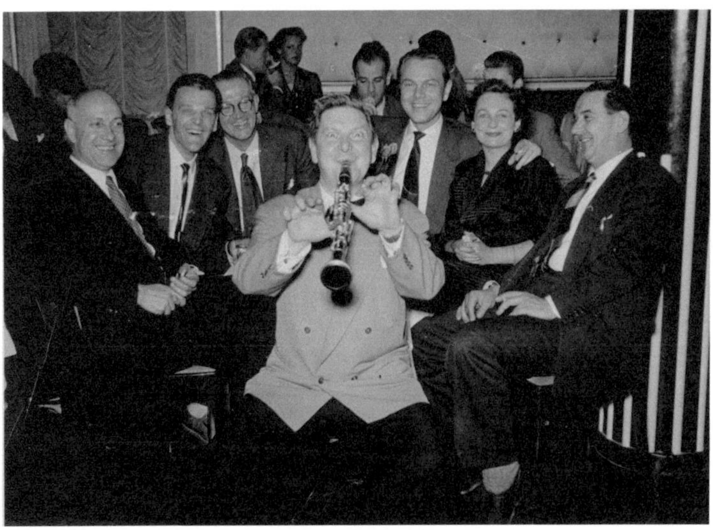

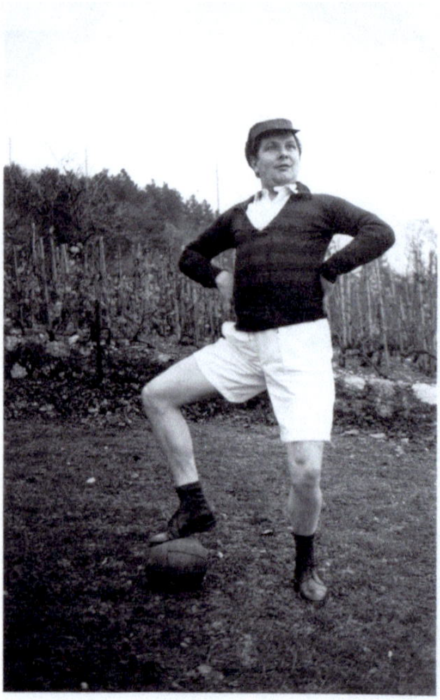

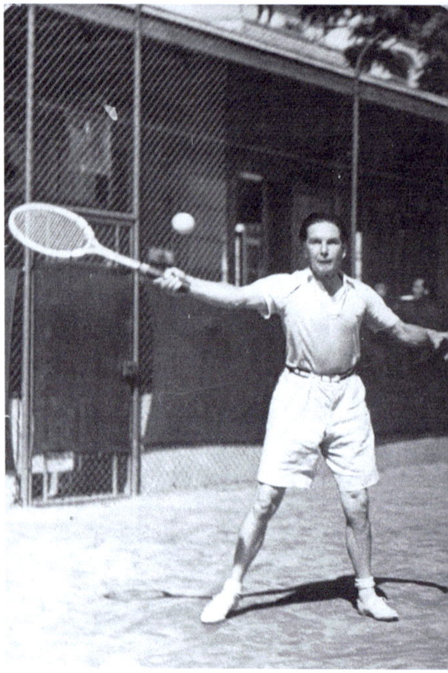

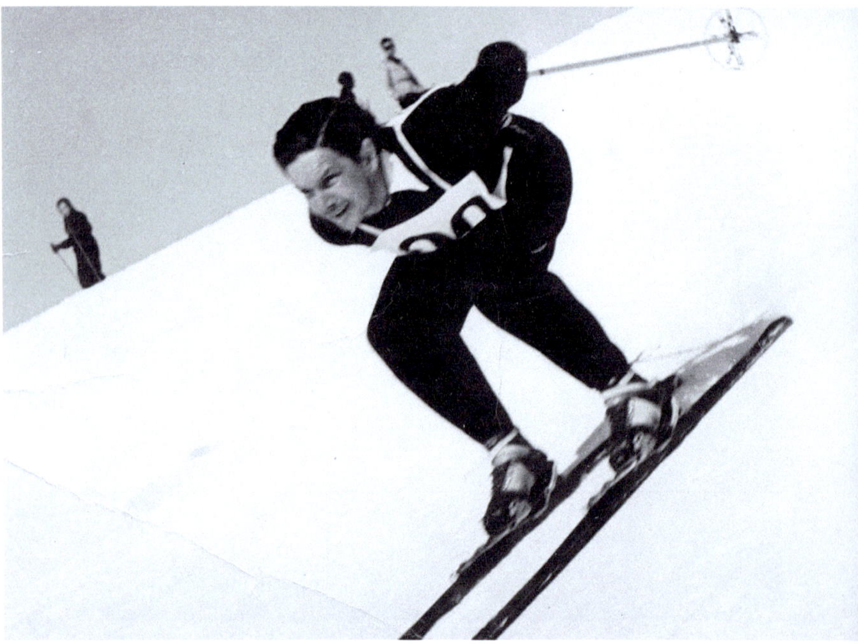

Ganz anders die Bilder, die ihn als Musiker in der Band mit Smoking und Gesellschaftsanzug zeigen, Aufmachungen, die zu seinem professionellen Erscheinungsbild gehören und die doch nicht zu ihm passen wollen. Besonders in den späteren Jahren, in denen er deutlich dicker geworden ist und die Anzüge stets etwas zu knapp erscheinen. Hier wirkt Höllerhagen wie verkleidet. Auf fast allen Fotos der Bands, in denen er gespielt hat, ist er der kleinste. Nicht unbedingt ein Frauentyp. Ins Auge springt der Unterschied zu einem Musiker wie Hazy Osterwald, der mit seiner Rundbrille wie eine Mischung aus Harold Lloyd und Benny Goodman aussieht, halb Millionärssöhnchen (was er nicht war), halb smarter High-School-Lehrer.

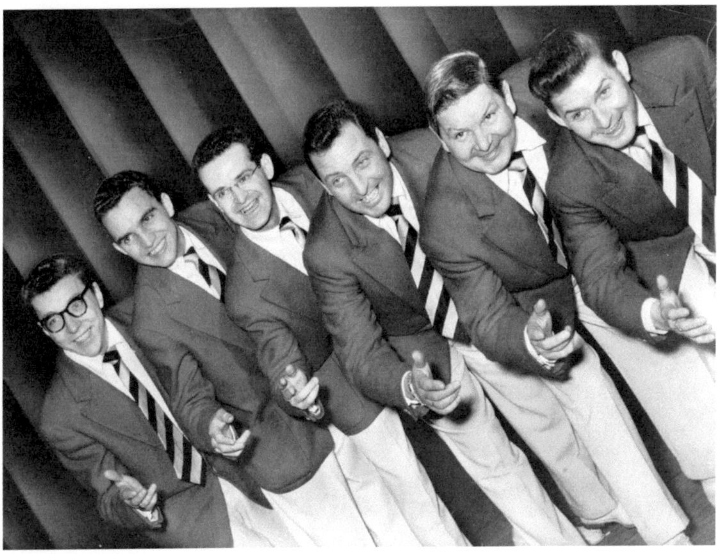

*Das Hazy Osterwald-Sextett: John Ward, Curt Prina, Hazy Osterwald, Sunny Lang, Ernst Höllerhagen und Dennis Armitage (von links)*

Ein anderes, das vielleicht bekannteste Höllerhagen-Foto, ein Bild aus den 30er Jahren, zeigt einen in sich gekehrten

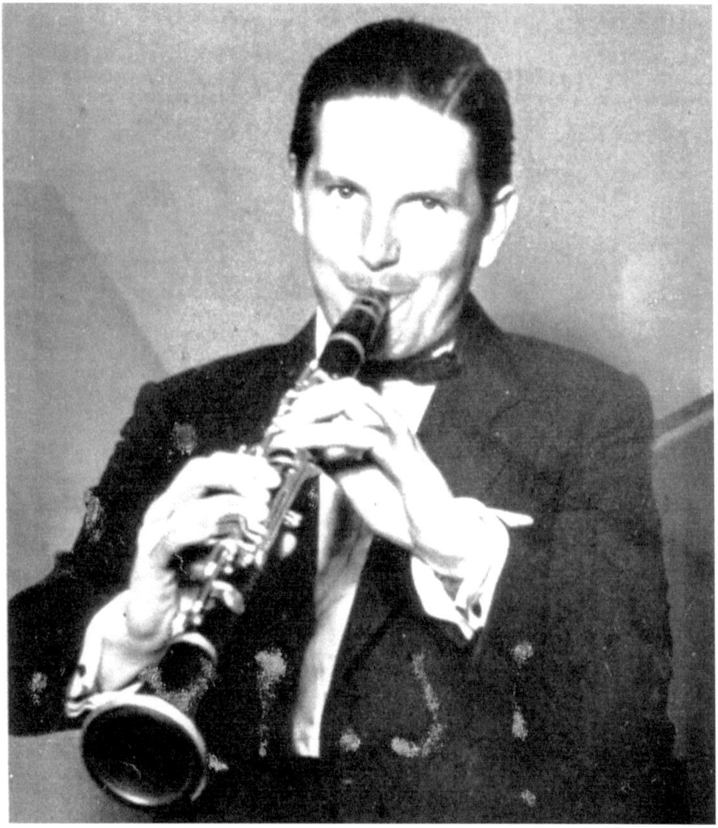

Menschen im Smoking, die Haare streng gescheitelt. Von seinen Augen geht eine bezwingende Kraft aus, ein Musiker, der sich durch die Musik in sich selbst versenkt und sein Spiel mit großem Ernst betreibt. Kann es sein, dass Höllerhagen außerhalb der Musik die Ankerpunkte im Leben fehlten?

Martha Blockhaus weiß um diese grenzenlose Leidenschaft Höllerhagens für die Musik. Sie sagt: »Seine Klarinette hat er immer geliebt, da konnte eine Frau eifersüchtig sein. Die legte er nicht aus der Hand, die hat er immer mit ins Bett genommen. Das hat er auch unumwunden zugegeben.«

Welche Ängste mögen Höllerhagen heimgesucht haben, als er wegen einer Nervenlähmung der Lippen nicht mehr spielen konnte? Hazy Osterwald: »Ernst hatte eine Fartialis-Nervenentzündung. Plötzlich. Und das ist in der Zeit vor der Selbstötung drei Mal passiert, er konnte über Wochen nicht mehr spielen, er brachte keinen Ton raus, die Luft ging ihm aus. Das hat ihm natürlich einen Komplex gegeben. Er war nicht mehr überzeugt, dass er es schaffen würde, darüber hinwegzukommen.«

Hinzu kam eine ernsthafte Herzerkrankung, die ihn möglicherweise gezwungen hätte, seinen Beruf als Musiker aufzugeben. In seinem letzten Brief an seine Schwester schreibt er: »Der Fluch bei meinem Beruf ist, dass, wenn man einmal etwas erreicht hat, man sich selten seinem eigenen Privatleben und seiner Gesundheit widmen kann. Übrigens bin ich momentan gesundheitsmäßig auf dem Tiefpunkt angelangt. Vor vier Wochen habe ich eine Herzattacke gehabt, die mich gezwungen hat, alle Möglichkeiten zu erwägen, mein unstetes Herumirren in der Welt aufzugeben.«

*Ernst Höllerhagen im Fernsehstudio*

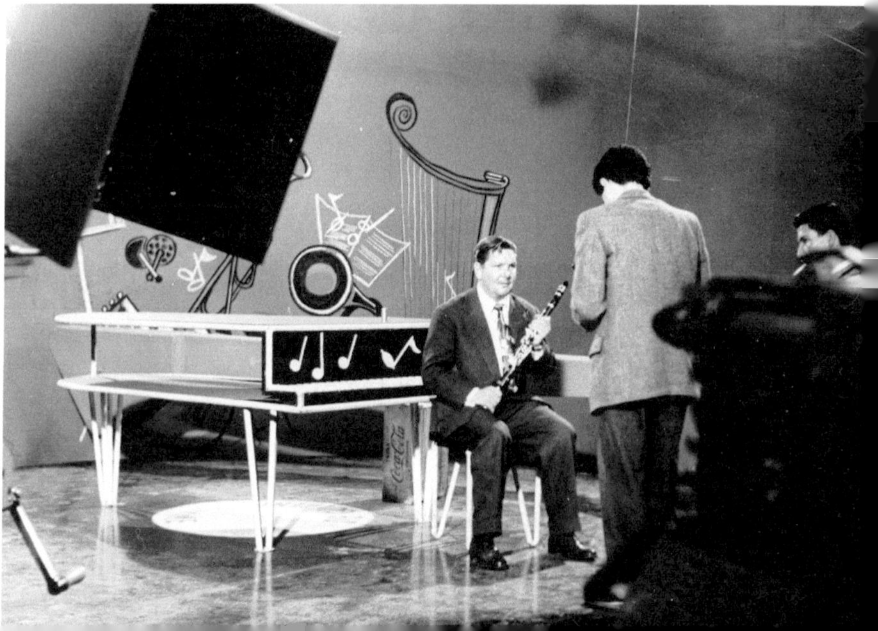

Diesem »Herumirren in der Welt« setzt Ernst Höllerhagen kurze Zeit später, am 11. Juli 1956, ein Ende.

Hazy Osterwald, der Freund, fühlt sich verantwortlich für eine würdevollen Abschied. Er kümmert sich um die Beerdigung. An Martha Blockhaus schreibt er: »Im Namen aller meiner Kollegen möchten wir Ihnen auch unser allertiefstes Beileid kundtun. Wir alle haben durch den Tod von Ernst einen langjährigen lieben Menschen verloren. Gestern morgen haben wir Ernst auf dem Friedhof zu Gestaad, vier Kilometer außerhalb von Interlaken beerdigt. Er ruht jetzt inmitten der wunderschönen Alpenlandschaft, umgeben von den Schneebergen, die er immer so geliebt hat.« Diesen Brief hat Martha Blockhaus bis heute aufbewahrt.

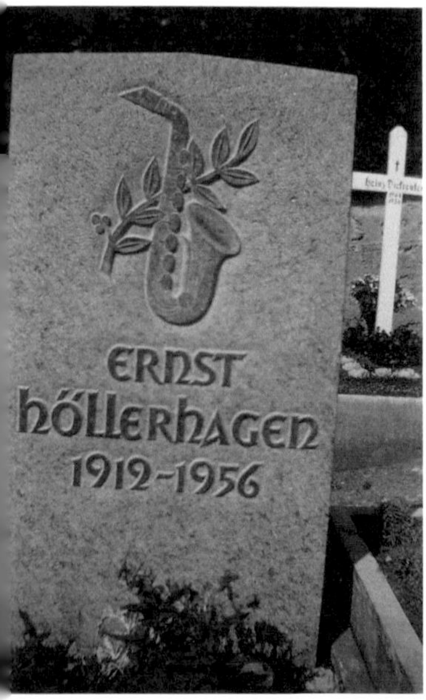


Jahre später wird Osterwald für seinen Freund diese schönen Worte finden:

»Ernst Höllerhagen war schon in meiner frühesten Amateurzeit mein heimlich verehrtes Musiker-Idol. Als wir uns später kennen lernten, wurden wir unzertrennliche Freunde. Zehn reiche Jahre lang haben wir Seite an Seite gearbeitet. Wir haben die von Sonne durchfluteten wie auch die stürmischen Alltage unseres ebenso schönen wie schweren Berufes gemeinsam erlebt und miteinander wohl die schönsten Erfolge errungen. Ich habe keinen gewissenhafteren Musiker gekannt, als Ernst es war. Er war stets zur Stelle, nie launisch, nie unzuverlässig, er stand immer auf seinem Posten. Zu jeder Probe, zu jedem Auftritt erschien er eine halbe Stunde früher, als man ihn gebeten hatte, zog sich still und in sich gekehrt in eine Ecke zurück und spielte sich anschließend auf seinem Instrument ein. Er nahm seinen Beruf ernst, einfach, weil er ihn liebte und sich ihm mit Leib und Seele verschrieben hatte. Er war eben ein hundertprozentiger Musiker.«

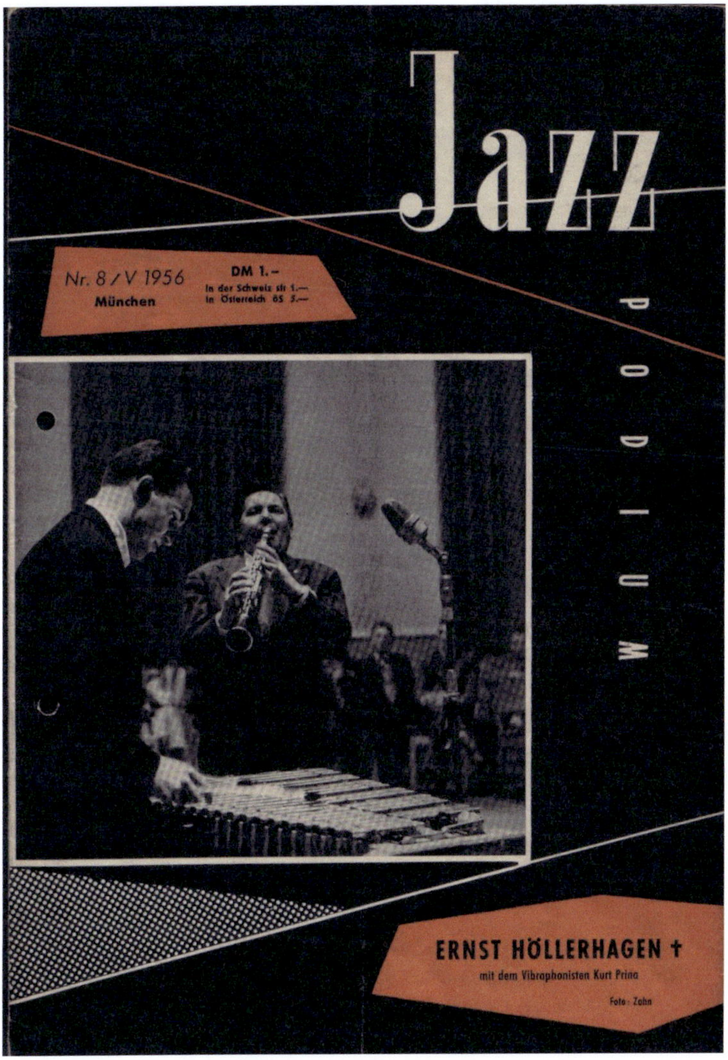


*Jazz Podium Nr. 8/1956 zum Tod Ernst Höllerhagens*

## Die Geschichte hinter der Geschichte

Es gibt keine Tagebuchnotizen und nur wenige persönliche Dokumente Höllerhagens. So waren wir zunächst auf musikgeschichtliche Quellen angewiesen, insbesondere auf die Aufzeichnungen, die unter dem Titel »Ernst Höllerhagen – ein deutscher Jazzmusiker skizziert von Wolfgang Muth«, vom »jazz im klub« des »Klubhauses junger Talente« in Magdeburg 1964 als Broschüre herausgegeben wurde. Diese erwies sich jedoch in manchen Passagen als lückenhaft. Dennoch bleibt es ein Verdienst des 2002 verstorbenen Wolfgang Muth, als erster und unter nicht eben einfachen Bedingungen in der damaligen DDR, an den »europäischen Benny Goodman« erinnert zu haben.

Besonders wertvoll für uns waren die Gespräche und Interviews mit Weggefährten und »Zeitzeugen«. Denn wir, die wir seine Lebensspuren gesucht haben, sind Ernst Höllerhagen ja nie persönlich begegnet. Durch Hazy Osterwald, den langjährigen musikalischen Wegbegleiter und Freund, haben wir viel über den Menschen hinter dem Musiker erfahren. Gleiches gilt für Martha Blockhaus, der in Wuppertal lebenden Schwester Höllerhagens, die uns bereitwillig aus ihren Erinnerungen berichtet hat und die – trotz der langen und trennenden Zeitspanne – ihrem Bruder noch immer sehr nahe und verbunden ist. Sie stellte uns viele Fotos zur Verfügung. Dankbar sind wir auch Krista Brötzmann (†) und Martin Pecherstorfer (†), die uns bei den Recherchen sehr geholfen haben und in deren Nachlass wir manchen Hinweis fanden.

Aus Gründen der Lesbarkeit sind nicht alle Zitate unmittelbar oder durch Fußnoten mit Quellenangaben belegt. Folgende Aufzeichnungen und Veröffentlichungen waren uns von Nutzen:

Gespräche und Interviews:
Mit Günter Boas 1982 in Wuppertal
Mit Martha Blockhaus im November 1984 in Wuppertal
Mit Hazy Osterwald im Februar 2002 in Kevelaer.

Literaturhinweise:
Günter Boas: Rudi Anhang – ein Musiker im Hintergrund, Menden 1986
Teddy Doering: Coleman Hawkins, Waakirchen 2001.
Walter Grieder: Hazy Osterwald-Story, Zürich 1961.
Horst H. Lange: Jazz in Deutschland, Hildesheim 1996.
Wolfgang Muth: Ernst Höllerhagen, Magdeburg 1964.
Hermann Openneer: »Melle Weersma«, in: Nederlands Jazz Archief Bulletin Nr.47, 48, 49, Amsterdam 2003.
Hazy Osterwald: Kriminaltango – Die Geschichte meines Lebens, Bern 1999.
Marko Paysan: »Jack Alban – eine Bandleader-Karriere der 20er bis 40er Jahre«, in: Fox auf 78, Nr.14.
Marko Paysan: »Swinging Ballroom Berlin«, Booklet zur CD-Box, EmArcy Records 1999.
Jimmy T. Schmid: »Willie Lewis und seine Bands«, in: swissjazzorama – jazzletter Nr.1, November 2000.
Bruno Spoerri: »Jazz in der Schweiz«, Zürich 2005
Ueli Staub: Ernest R. Berner – Portrait eines Jazz-Pioniers, Zürich 1994.
Teddy Stauffer: Es war und ist ein herrliches Leben, Frankfurt am Main 1968.
Dölf Stöcklin: »Ernst Höllerhagen 1942 – 1948«, Booklet zur CD, Elite Special 1995.

Wir danken den Jazz-Archiven für die freundliche Unterstützung:
Jazzinstitut Darmstadt
Jazzarchiv Eisenach
Nederlands Jazz Archief
SwissJazzOrama
Kultureller Wirkungskreis Jazz Wuppertal

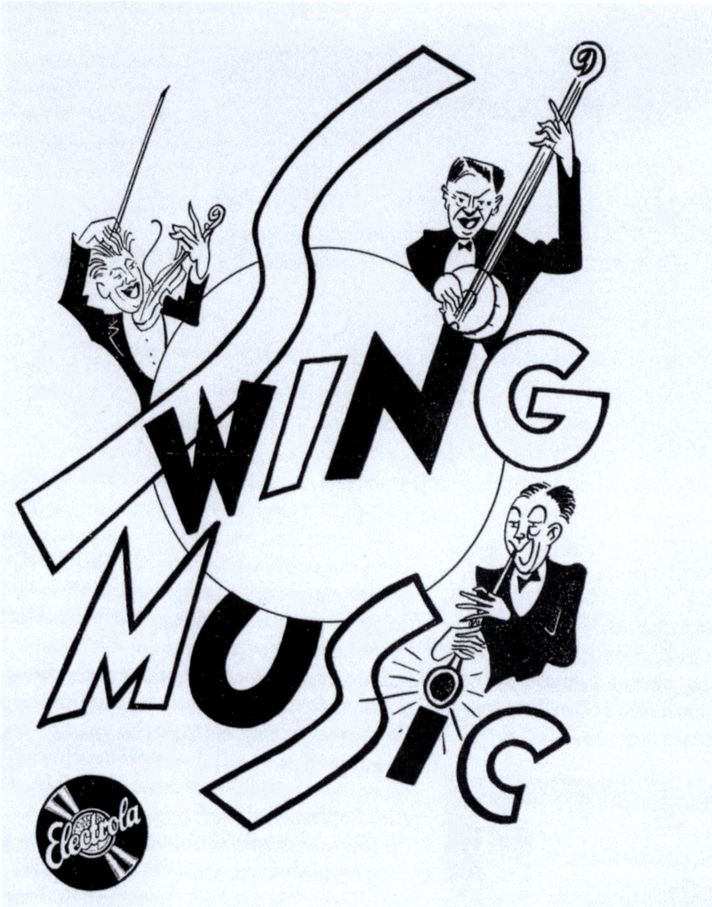


## Diskographie* (chronologisch)
(Abkürzungen siehe Seite 169)

## *1934*

---

**MELLE WEERSMA AND HIS RED, WHITE & BLUE ACES**
**MELLE WEERSMA AN ZIJN ORKEST**
18.April 1934, Hilversum (NL):
Henk Bruyns, Israel Park, Maup Israel tp; Dick Lambreght, Henk Bosch tb; Ernst Höllerhagen cl, as; Jan Meyer cl, as, bs; Ab van der Molen as; Eddie Brunner cl, ts; Melle Weersma p, arr, ld; Otto Clinge Doornbos g; Aat Swart b; Lew Galking dr.

**Keine Diskographie ist zu hundert Prozent korrekt und komplett. Korrekturen und Ergänzungen werden deshalb mit Dank entgegen genommen*

AM 53-1 *Honolulu Blues.* Decca (unissued)
AM 53-2 *Honolulu Blues.* DeccaF-42022
AM 54-1 *Red Indian Chase.* Decca (unissued)
AM 54-2 *Red Indian Chase.* DeccaF-42022, Decca 6601014
*(as Indiaansche Jacht)* DeccaF-42164

**MELLE WEERSMA AND HIS RED, WHITE & BLUE ACES**
November 1934, Amsterdam (NL):
Israel Park tp, voc; Ernst Höllerhagen cl, as; Ab Witteboon as; Eddie Brunner cl, ts; Melle Weersma p, arr, ld; Otto Clinge Doornbos g; Leo Askenase b; Lew Galking dr; Ann Royce voc.

AM 117-1 *With My Eyes Wide Open I'm Dreaming,* Decca (unissued)
AM 118-1 *I Want To Dance* (AR voc) (unissued)
AM 119-1 *After You've Gone* (AR voc)

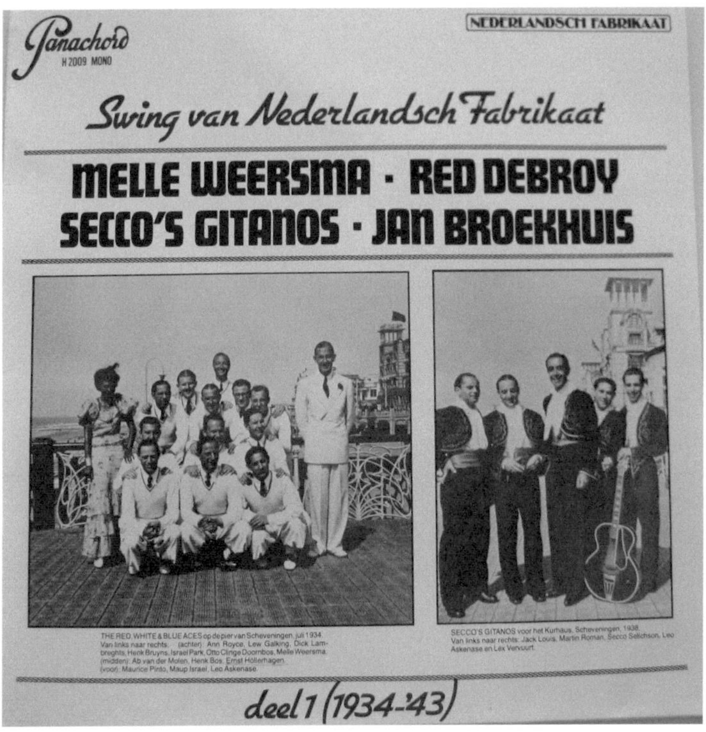

# 1936

**COLEMAN HAWKINS & THE BERRIES**
April1936, Zürich (CH):
Coleman Hawkins ts,voc; Ernst Höllerhagen cl, as; Hugo Peritz or Omer DeCock ts; Ernest Berner p; Billy Toffel g; James Gobalet or Fred Jacquillard b; Berry Peritz dr.

a. BB-1075-l *Love Cries* (CH voc, J out)
Paramount (CH)B35512;
EMI(EUR)13C152-33894/5; Paramount (GB) F658; Odeon-OF5349
b. BB-1076-2 *Sorrow* (CH voc. JG out)
Paramount (CH)B35512; Odeon-OF5349
c. BB-1077-1 *Tiger Rag* (FJ out)
Paramount (CH)B35513
d. BB-1078-1 *It May Not Be True* (FJ out)
all 4 titles also on OTL-1.

**DIE GOLDENE SIEBEN UND IHR ORCHESTER**
September1936, Berlin (D):
Kurt Hohenberger, Carl Hohenberger, Karl Kutzer tp; Erhard Krause, Willi Berking tb; Ernst Höllerhagen cl,as; Franz Thon, Eddie Brunner cl,as,ts; Kurt Wege bs; Adalbert Luczkowski v; Georg Haentzschel p,cel; Harold M. Kirchstein g; Rudi Wegener b; Waldi Luczkowski dr; Die Metropol-Vokalisten voc; Friedrich Schröder arr.

a. ORA1450-1 *Darf Ich Bitten?*
Electrola (D)EG3732; Elec (D) 148-30609/10
b. ORA1451-2 *Die Musik Spielt Ganz Leise* (MV voc)
Electrola (D) EG3732); Elec(D)148-30609/10

**TEDDY STAUFFER AND THE ORIGINAL TEDDIES**
30.9.1936, Berlin(D):
Harry Herzog, Carl Hohenberger, Max Müssigbrodt tp; Walter Dobschinski, Erich Böhme, Albert Wollenhaupt tb; Ernst Höllerhagen cl,as; Bertalan Bujka cl, as; Franz Thon as, bs; Helmuth Friedrich ts; Teddy Kleindin ts; Teddy Stauffer ts; Jack Trommer p; Hans »Buddy« Bertinat p; Billy Toffel g,voc; André Schuster b; Paul »Polly« Guggisberg dr.

a. 21423 *There's A Small Hotel* (BT voc)
Telefunken (D)A2067

b. 21424 *No Regrets* (BT voc)
c. 21425 *Follow The Fleet* (Medley)
Telefunken (D)A2064

**KURT ENGEL MIT SEINEN TANZRHYTHMIKERN**
1.10,1936, Berlin (D):
Howard Ossman MacFarlane tp; Ben Pickering tb; Ernst Höllerhagen cl; Benny DeWeille as; Georg Haentzschel p; Kurt Engel xyl ; Mike Danzi g; Rudi Wegener b; Waldemar Luczkowski dr.

a. 21426 *Mein Herz Ist Noch Frei*
Telefunken(D)M6297
b. 21427 *Wenn Es Heut' Nicht Geht*

**TEDDY STAUFFER AND THE ORIGINAL TEDDIES**
6.10.1936, Berlin (D):
Harry Herzog, Carl Hohenberger, Max Müssigbrodt, Bob Huber tp; Walter Dobschinski, Erich Böhme, Albert Wollenhaupt tb; Ernst Höllerhagen cl,as; Bertalan Bujka cl,as; Franz Thon as,bs; Paul Linder ts; Helmuth Friedrich ts; Teddy Kleindin ts; Teddy Stauffer ts; Jack Trommer p; Hans »Buddy« Bertinat p; Billy Toffel g, voc; André Schuster b; Paul »Polly«Guggisberg dr; Betty Toombs voc.

a. 21384-2 *Good Night Ladies* (BT voc)
Telefunken (D) A2065
b. 21431 *Organ Grinder's Swing*
Telefunken (D)A2071
c. 21432 *Jangled Nerves*
d. 21432-1 *Jangled Nerves*
Telefunken (D)R43S

**TEDDY STAUFFER AND THE ORIGINAL TEDDIES**
14.10.1936, Berlin (D):
Harry Herzog, Carl Hohenberger, Max Müssigbrodt, Bob Huber tp; Walter Dobschinski, Erich Böhme, Albert Wollenhaupt tb; Ernst Höllerhagen cl,as; Bertalan Bujka cl,as,v; Franz Thon as,bs; Paul Linder ts; Helmuth Friedrich ts; Teddy Kleindin ts; Teddy Stauffer

ts; Jack Trommer p; Hans »Buddy« Bertinat p; Billy Toffel g, voc; André Schuster b; Paul »Polly« Guggisberg dr; Betty Toombs, Eric Helgar voc.

a. 21455 *Zwei Schwalben Haben Sich Geküsst* (EH voc)
Telefunken(D)A2072
b. 21456 *Sing, Baby Sing* (BT voc)
Telefunken (D) A2086.
c. 21457 *Sing, Sing,Sing* (BT voc)
Telefunken (D)A2070
d. 21458 *Swingtime. In The Rockies*
d. also on Telefunken (D)6.28312

**TEDDY STAUFFER AND THE ORIGINAL TEDDIES**

20.10.1936, Berlin (D):

Harry Herzog, Carl Hohenberger, Max Müssigbrodt, Bob Huber tp; Walter Dobschinski, Erich Böhme, Albert Wollenhaupt, tb; Ernst Höllerhagen cl,as; Bertalan Bujka cl,as,v; Franz Thon as,bs; Paul Linder ts; Helmuth Friedrich ts; Teddy Kleindin ts; Teddy Stauffer ts; Jack Trommer p; Hans »Buddy« Bertinat p; Billy Toffel g,voc; André Schuster b; Paul »Polly« Guggisberg dr; Betty Toombs, Eric Helgar voc.

a. 21473 *The Way You Look Tonight* (BT voc)
Telefunken (D) A2O73
b. 21474 *Ich Bin Auf der Welt Um Glücklich Zu Sein* (EH voc)
Telefunken (D) A2072
c. 21475 *A Fine Romance* (BT voc)
Telefunken (D) A2073
d. 50643 *Zigeunerweisen*
Telefunken(D)T5725

**TEDDY STAUFFER AND THE ORIGINAL TEDDIES**

29.10.1936, Berlin (D):

Harry Herzog, Carl Hohenberger, Max Müssigbrodt, Bob Huber tp; Walter Dobschinski, Erich Böhme, Albert Wollenhaupt tb; Ernst Höllerhagen cl,as; Bertalan Bujka cl,as,v; Franz Thon as,bs; Paul Linder, ts; Helmuth Friedrich ts; Teddy Kleindin ts; Teddy Stauffer ts; Jack Trommer p; Hans »Buddy« Bertinat p; Billy Toffel g,voc; André Schuster b; Paul »Polly« Guggisberg dr; Betty Toombs, Eric Helgar voc.

a. 21524 *When Did You Leave Heaven* (BT voc)
Telefunken (D) A20S6

b. 21525 *Did I Remember* (TB voc)
Telefunken (D) A2107

c. 21526 *Me And The Moon* (BT voc)

d. 50658 *You Started Me Dreaming* (BT voc)
Telefunken (D)unkn.

**DIE GOLDENE SIEBEN UND IHR ORCHESTER**

November 1936, Berlin (D):

Kurt Hohenberger, Carl Hohenberger, Karl Kutzer tp; Erhard Krause, Willi Berking tb; Ernst Höllerhagen cl,as; Franz Thon, Eddie Brunner cl,as,ts; Kurt Wege bs; Adalbert Luczkowski v; Georg Haentzschel p,cel; Harold M. Kirchstein g; Rudi Wegener b; Waldi Luczkowski dr; Peter Igelhoff voc; Friedrich Schröder arr.

a. ORA1573-2 *Donner, Blitz und Sonnenschein*
Electrola(D)EG3793

b. ORA1574-2 *Weit, Ganz Am Ende Der Welt*

c. ORA1587-2 *Wenn Ich Vergnügt Bin Muss Ich Singen* (PI voc)
Electrola (D)EG3803

d.ORA1588-2 *Das Solistische Orchester* (PI voc)
Elec (D)134-327497/50

# 1937

**DIE GOLDENE SIEBEN UND IHR ORCHESTER**
Februar 1937, Berlin (D):
Kurt Hohenberger, Carl Hohenberger, Karl Kutzer tp; Erhard Krause, Willi Berking tb; Ernst Höllerhagen cl,as; Franz Thon, Eddie Brunner cl,as,ts; Kurt Wege bs; Adalbert Luczkowski v; Georg Haentzschel p, cel; Harold M. Kirchstein g; Rudi Wegener b; Waldi Luczkowski dr; Peter Igelhoff voc; Hilde Hildebrand voc; Friedrich Schröder arr.

a. ORA1794-1 *Schirokko*
Electrola(D)EG3878; Elec(D)148-30609/10
b. ORA1795 *unknown title*
unissued/lost
c. ORA1796-2 *Exzentrik*
Electrola(D)EG3S73; ElecCD)148-30609/10
d. *Die Liebe Träumt*
Electrola(D) EG3832
e. *Die Liebe Ist Ein Spiel Mit Dem Feuer*
f. ORA1848-2 *Ich Weiss So Ziemlich Alles Von Der Liebe* (HH voc)
Electrola(D) EG3891
g. ORA1849-2 *Nachts Ging Das Telefon* (HH voc)

**DIE GOLDENE SIEBEN UND IHR ORCHESTER**
März 1937, Berlin (D):
Kurt Hohenberger, Carl Hohenberger, Karl Kutzer tp; Erhard Krause, Willi Berking tb; Ernst Höllerhagen cl,as; Franz Thon, Eddie Brunner cl,as,ts; Kurt Wege bs; Adalbert Luczkowski v; Georg Haentzschel p,cel; Harold M. Kirchstein g; Rudi Wegener b; Waldi Luczkowski dr; Peter Igelhoff voc; Hilde Hildebrand voc; Friedrich Schröder arr.

a. ORA1912-1 *'Tain't No Use*
Electrola(D)EG3915
b. ORA1313-2 *Swingin' The Jinx Away*
c. *Baby*
Electrola (D)E63916
*Einmal Etwas Werden*

**DIE GOLDENE SIEBEN UND IHR ORCHESTER**
April 1937, Berlin (D):
Kurt Hohenberger, Carl Hohenberger, Karl Kutzer tp; Erhard Krause, Willi Berking tb; Ernst Höllerhagen cl,as; Franz Thon, Eddie Brunner cl,as,ts; Kurt Wege bs; Adalbert Luczkowski v; Georg Haentzschel p,cel; Harold M. Kirchstein g; Rudi Wegener b; Waldi Luczkowski dr; Peter Igelhoff voc; Hilde Hildebrand voc; Friedrich Schröder arr.

a. ORA1923-2 *Ich Und Du*
Electrola(D)EG3321
b. ORA1924-2 *Gefährliches Spiel*

**TEDDY STAUFFER AND THE ORIGINAL TEDDIES**
5.4.1937, Berlin (D):
Harry Herzog, Carl Hohenberger, Max Müssigbrodt tp; Walter Dobschinski, Erich Böhme, Albert Wollenhaupt tb; Ernst Höllerhagen cl, as; Bertalan Bujka cl, as, ts, v; Franz Thon, as, bs; Helmuth Friedrich ts; Teddy Kleindin ts; Teddy Stauffer ts; Jack Trommer p; Hans »Buddy« Bertinat p,v; Billy Toffel g,voc; André Schuster b; Paul »Polly« Guggisberg dr; Betty Toombs voc.

a. 21969 *Good Night My Love* (BT voc)
Telefunken (D)A218
b. 21970 *The Moon Is Grinning At Me* (BT voc)
Telefunken (D)A2188
c. 21971 *I've Got You Under My Skin* (BT voc)
d. 21972 *Us On A Bus* (TB voc)
Telefunken (D)A2189

**TEDDY STAUFFER AND THE ORIGINAL TEDDIES**
21.4.1937, Berlin (D):
Harry Herzog, Carl Hohenberger, Max Müssigbrodt tp; Walter Dobschinski, Erich Böhme, Albert Wollenhaupt tb; Ernst Höllerhagen cl, as; Bertalan Bujka cl, as, ts, v; Franz Thon as, bs; Helmuth Friedrich ts; Teddy Kleindin ts; Teddy Stauffer ts; Jack Trommer p; Hans »Buddy« Bertinat p, v; Billy Toffel g, voc; André Schuster b; Paul »Polly« Guggisberg dr; Betty Toombs voc.

a. 22019 *Riding High* (BT voc)
Telefunken (D)A2189

| | |
|---|---|
| b. 22020 | *Little Old Lady* (BT voc)<br>Telefunken (D)A2208 |
| c. 22021 | *I Sing You A Thousand Love Songs* (BT voc) |
| d. 22023 | *There's Something In The Air* (BT voc)<br>Telefunken (D)A2207 |
| e. 22023 | *The Night Is Young And You're So Beautiful* (BT voc) |

**KURT HOHENBERGER UND SEIN SOLISTEN-ORCHESTER VOM »QUARTIER LATIN«**
24.4.1937, Berlin (D):
Kurt Hohenberger tp; Ernst Höllerhagen cl,as,v; Helmuth Friedrich cl,ts; Fritz Schulz-Reichel p,cel; Hans Korseck g; Rudi Wegener b; Hans Klagemann dr.

| | |
|---|---|
| a. 22024 | *Honolulu Blues*<br>Telefunken (D)A2201 |
| b. 22025 | *Always* |

**TEDDY STAUFFER AND THE ORIGINAL TEDDIES**
28.4.1937, Berlin (D):
Harry Herzog, Carl Hohenberger, Max Müssigbrodt tp; Walter Dobschinski, Erich Böhme, Albert Wollenhaupt tb; Ernst Höllerhagen cl, as; Bertalan Bujka cl, as, ts, v; Franz Thon as,bs; Helmuth Friedrich ts; Teddy Kleindin ts; Teddy Stauffer ts: Jack Trommer p; Hans »Buddy« Bertinat p,v; Billy Toffel g,voc; André Schuster b; Paul »Polly« Guggisberg dr; Betty Toombs voc.

| | |
|---|---|
| a. 22040 | *Plaisir D'Amour*<br>Telefunken (D)A2203 |
| b. 22041 | *You'v'e Got Something* (BT voc)<br>Telefunken (D)A2199 |
| c. 22042 | *Aloha Oe* (BT & band voc)<br>Telefunken(D) A2203 |
| d. 22042-1 | *Aloha Oe* (BT & band voc)<br>Telefunken (D) R515 |
| e. 22043 | *Swingin' For The King* (BT voc)<br>unissued |
| f. 22043-1 | *Swingin' For The King* (BT voc)<br>Telefunken(D) A2209 |
| g. 22044 | *Boo-Hoo* (BT voc) |

**DIE GOLDENE SIEBEN UND IHR ORCHESTER**
Mai 1937, Berlin (D):
Kurt Hohenberger, Carl Hohenberger, Karl Kutzer tp; Erhard Krause, Willi Berking tb; Ernst Höllerhagen cl,as; Franz Thon, Eddie Brunner cl,as,ts; Kurt Wege bs; Adalbert Luczkowski v; Georg Haentzschel p,cel; Harold M. Kirchstein g; Rudi Wegener b; Waldi Luczkowski dr; Peter Igelhoff voc; Hilde Hildebrand voc; Friedrich Schröder arr.

a. ORA2011-1 *Einmal Ist Keinmal* (HH voc)
Electrola(D)EG3963
b. ORA2Q12-2 *In Deinen Armen Bin Ich Zuhause* (HH voc)
c. ORA1962-2 *Du Stahlst Mein Herz (I Can't Pretend)*
Electrola(D)EG6327; Electrola (D) 134-32749/50
d. ORA1963-1 *Rosy*
Electrola (D)EG3970
e. ORA1964-2 *Jawohl Meine Herren*
Elec (D)138-30609/10

**DIE GOLDENE SIEBEN UND IHR ORCHESTER**
Juni 1937, Berlin (D):
Kurt Hohenberger, Carl Hohenberger, Karl Kutzer tp; Erhard Krause, Willi Berking tb; Ernst Höllerhagen cl,as; Franz Thon, Eddie Brunner cl,as,ts; Kurt Wege bs; Adalbert Luczkowski v; Georg Haentzschel p,cel; Harold M. Kirchstein g; Rudi Wegener b; Waldi Luczkowski dr; Peter Igelhoff voc; Hilde Hildebrand voc; Friedrich Schröder arr.

a. ORA2060-2 *Wenn Die Nächte Leuchten*
Electrola(D)EG3971
b. ORA2061-1 *Rhythmus Der Freude*
c. ORA2132-2 *Es War Die Grosse Liebe*
Electrola(D)EG3982
d. ORA2133-2 *Verliebt, Verlobt*

**DIE GOLDENE SIEBEN UND IHR ORCHESTER**
Juli 1937, Berlin (D);
Kurt Hohenberger, Carl Hohenberger, Karl Kutzer tp; Erhard Krause, Willi Berking tb; Ernst Höllerhagen cl,as; Franz Thon,

Eddie Brunner cl,as,ts; Kurt Wege bs; Adalbert Luczkowski v; Georg Haentzschel p,cel; Harold M. Kirchstein g; Rudi Wegener b; Waldi Luczkowski dr; Peter Igelhoff voc; Hilde Hildebrand voc; Friedrich Schröder arr.

a. ORA2153-2 *Aus Lauter Liebe* (PI voc)
Electrola(D)EG3996; Elec(D)148-30609/10
b. ORA2154-2 *Capriolen* (PI voc)
Electrola (D)EG3996; Elec (D) l48-30609/10
c. ORA2155-2 *In Der Bakerstreet* (HH voc)
Electrola(D)EG3997
d. ORA2156-1 *Yes Sir!* (HH voc)

**DIE GOLDENE SIEBEN UND IHR ORCHESTER**
August 1937, Berlin (D):
Kurt Hohenberger, Carl Hohenberger, Karl Kutzer tp; Erhard Krause, Willi Berking tb; Ernst Höllerhagen cl,as; Franz Thon, Eddie Brunner cl,as,ts; Kurt Wege bs; Adalbert Luczkowski v; Georg Haentzschel p,cel; Harold M. Kirchstein g; Rudi Wegener b; Waldi Luczkowski dr; Peter Igelhoff voc; Hilde Hildebrand voc; Friedrich Schröder arr.

a. *Ay-Ya-Ya*
Electrola (D)EG6011; ElecCD)148-30609/10
b. *Denkst Du Noch Daran*
Electrola (D) EG6011

**DIE GOLDENE SIEBEN UND IHR ORCHESTER**
September 1937, Berlin (D);
Kurt Hohenberger, Carl Hohenberger, Karl Kutzer tp; Erhard Krause, Willi Berking tb; Ernst Höllerhagen cl,as; Franz Thon, Eddie Brunner cl,as,ts; Kurt Wege bs; Adalbert Luczkowski v; Georg Haentzschel p,cel; Harold M. Kirchstein g; Rudi Wegener b; Waldi Luczkowski dr; Peter Igelhoff voc; Hilde Hildebrand voc; Friedrich Schröder arr.

a. ORA2274-2 *Schön Sein*
Electrola(D)EG6081
b. ORA2275-2 *Träume Nur*

c. *Heimweh*
Electrola(D)EG6082
d. *Das Grosse Glück Gesucht*

**TEDDY STAUFFER AND THE ORIGINAL TEDDIES**
3.9.1937, Berlin (D):
Harry Herzog, Carl Hohenberger, Max Müssigbrodt tp; Walter Dobschinski, Erich Böhme, Albert Wollenhaupt tb; Ernst Höllerhagen cl,as; Bertalan Bujka cl,as,ts,v; Franz Thon as,bs; Eugen Henkel ts; Teddy Kleindin ts; Teddy Stauffer ts; Jack Trommer p; Hans »Buddy« Bertinat p, v; Billy Toffel g, voc; André Schuster b; Paul »Polly« Guggisberg dr; Betty Toombs voc.

a. 22288 *Never In A Million Years* (BT voc)
unissued
b. 22288-1 *Never In A Million Years* (BT voc)
Telefunken (D)A2268
c. 22289 *September In The Rain* (BT voc)
unissued
d. 222S9-1 *September In The Rain* (BT voc)
Telefunken(D) A2268
e. 22290 *Limehouse Blues*
Telefunken (D)A2269
f. 22291 *Pop Corn Man* (BT voc)
e. also on Telefunken (D) 6. 28360

**TEDDY STAUFFER AND THE ORIGINAL TEDDIES**
27.9.1937, Berlin (D):
Harry Herzog, Carl Hohenberger, Max Müssigbrodt tp; Walter Dobschinski, Erich Böhme, Albert Wollenhaupt tb; Ernst Höllerhagen cl, as; Bertalan Bujka cl, as, ts, v; Franz Thon as, bs; Eugen Henkel ts; Teddy Kleindin ts; Teddy Stauffer ts; Jack Trommer p; Hans »Buddy« Bertinat p, v; Billy Toffel g, vov; André Schuster b; Paul »Polly« Guggisberg dr; Betty Toombs voc.

a. 2240O *Afraid To Dream* (BT voc)
Telefunken(D)A2387
b. 22401 *Gone With The Wind* (BT voc)
c. 22402 *The Merry-Go-Round Broke Down* (BT voc)
Telefunken (D)A2336

| | |
|---|---|
| d. 22403 | *The Swiss Hill-Billy* (BT voc)<br>Telefunken (D)A2370 |
| e. 22404 | *You Can't Run Away From Love Tonight* (BT voc)<br>Telefunken (D)A2388 |
| f. 22405 | *I Know Now* (BT voc) |
| g. 22406 | *It's A Natural Thing To Do* (BT voc)<br>Telefunken (D)A2337 |
| h. 224O7 | *The Moon Got In My Eyes* (BT voc) |
| i. 22408 | *The Lady Is A Tramp* (BT voc)<br>Telefunken (D)A2386 |
| j. 22409 | *Where Or When* (BT voc) |

**TEDDY STAUFFER AND THE ORIGINAL TEDDIES**

28.10.1937, Berlin (D):

Harry Herzog, Carl Hohenberger, Max Müssigbrodt tp; Walter Dobschinski, Erich Böhme, Albert Wollenhaupt tb; Ernst Höllerhagen cl, as; Bertalan Bujka cl, as, ts, v; Franz Thon as, bs; Eugen Henkel ts; Teddy Kleindin ts; Teddy Stauffer ts; Jack Trommer p; Hans »Buddy« Bertinat p, v; Billy Toffel g, voc; André Schuster b; Paul »Polly« Guggisberg dr; Betty Toombs, Eric Helgar voc.

| | |
|---|---|
| a. 22452 | *Everybody Sing* (BT voc)<br>Telefunken(D)A2390 |
| b. 22453 | *Some Of These Days* (BT voc) |
| c. 22454 | *Der Student Geht Vorbei*<br>Telefunken(D)A2336 |
| d. 22455 | *Where Are You* (BT voc)<br>Telefunken D)A2389 |
| e. 22456 | *In Die Unbekannte Ferne* (EH voc)<br>Telefunken(D)A2371 |
| f. 22457 | *Träumen Von Der Südsee* (EH voc) |
| g. 22458 | *Ski-Yodel* (BT voc)<br>Telefunken(D)A2370 |
| h. 22459 | *Can't I Forget* (BT voc)<br>Telefunken(D)A2389 |

**KURT HOHENBERGER UND SEIN SOLISTEN-ORCHESTER VOM »QUARTIER LATIN«**

14.10.1937, Berlin (D):

Kurt Hohenberger tp; Ernst Höllerhagen cl,as,v; Helmuth Friedrich cl,ts; Fritz Schulz-Reichel p, cel; Hans Korseck g; Rudi Wegener b; Hans Klagemann dr.

a. 22394 *You're Driving Me Crazy*
Telefunken (D) A2338
b. 22395 *Dinah*
Telef(D)6.22388; Telefunken (D)A2338; Telef (D)LA6257; Top-Classic-BB45020

**DIE GOLDENE SIEBEN UND IHR ORCHESTER**
November 1937, Berlin (D):
Kurt Hohenberger, Carl Hohenberger, Karl Kutzer tp; Erhard Krause, Willi Berking tb; Ernst Höllerhagen cl,as; Franz Thon, Eddie Brunner cl,as,ts; Kurt Wege bs; Adalbert Luczkowski v; Georg Haentzschel p,cel; Harold M. Kirchstein or Hans Korseck g; Rudi Wegener b; Waldi Luczkowski dr; Elena Lauri voc; Friedrich Schröder arr.

a. ORA2383-1 *Carry Me Back To Old Virginy*
Electrola(D) EG6132; Elec(D)134-32749/50
b. ORA2384-1 *St. Louis Blues*
Electrola (D)EG6132
c. ORA2407-1 *Vergiss Die Tränen*
Electrola(D)EG6142; ELEC(D)134-32749/50
d. ORA2408-1 *Bei Dir Sein*
Electrola EG6142

**DIE GOLDENE SIEBEN UND IHR ORCHESTER**
Dezember 1937, Berlin (D):
Kurt Hohenberger, Carl Hohenberger, Karl Kutzer tp; Erhard Krause, Willi Berking tb; Ernst Höllerhagen cl,as; Franz Thon, Eddie Brunner cl,as,ts; Kurt Wege bs; Adalbert Luczkowski v; Georg Haentzschel p,cel; Harold M. Kirchstein or Hans Korseck g; Rudi Wegener b; Waldi Luczkowski dr; Elena Lauri voc; Friedrich Schröder arr.

a. ORA2502-1 *Crazy Jacob*
Electrola(D)EG6186; Elec(D)134-32749/50
b. ORA2503-1 *Quartier Latin*
Electrola (D)EG6186; Elec(D)l34-32749/50

c. ORA2504-1 *Tango Notturno* (EL voc)
Electrola (D)EG6183
d. ORA2515-1 *Serenade* (EL voc)

**KURT HOHENBERGER UND SEIN SOLISTEN-ORCHESTER VOM »QUARTIER LATIN«**
23.12.1937, Berlin(D):
Kurt Hohenberger tp; Ernst Höllerhagen cl,as,v; Helmuth Friedrich cl,ts; Fritz Schulz-Reichel p,cel; Hans Korseck g; Rudi Wegener b; Hans Klagemann dr.

a. 22700 *What Will I Tell My Heart*
Telefunken(D)A2416
b. 22701 *Jammin'*
Telef(D)6.22338; Telef(D)LAS257
a. also on Telefunken (D) 6.28360.

# 1938

**DIE GOLDENE SIEBEN UND IHR ORCHESTER**
Januar 1938, Berlin (D):
Kurt Hohenberger, Carl Hohenberger, Karl Kutzer tp; Erhard Krause, Willi Berking tb; Ernst Höllerhagen cl.as; Franz Thon, Eddie Brunner cl,as,ts; Kurt Wege bs; Adalbert Luczkowski v; Georg Haentzschel p,cel; Hans Korseck g; Rudi Wegener b; Waldi Luczkowski dr; Hilde Hildebrand voc.

a. ORA2610-1 *Die Strasse Zum Grossen Glück*
Electrola(D)E66229
b. ORA26111-1 *Song Without Words*

**DIE GOLDENE SIEBEN UND IHR ORCHESTER**
Februar 1938, Berlin (D):
Kurt Hohenberger, Carl Hohenberger, Karl Kutzer tp; Erhard Krause, Willi Berking tb; Ernst Höllerhagen cl.as; Franz Thon, Eddie Brunner cl,as,ts; Kurt Wege bs; Adalbert Luczkowski v; Georg Haentzschel p,cel; Hans Korseck g; Rudi Wegener b; Waldi Luczkowski dr; Hilde Hildebrand voc.

a. ORA2759-1 *Liebe Ist Ein Heikles Spiel*
Electrola (D) EG6283
b. ORA2760-2 *Du Musst Mir Deine Liebe Erst Beweisen*
(HH voc)
c. ORA2761-2 *Märchen aus 1001 Nacht*
Electrola(D)E662S8
d. ORA2762-2 *Weil Der D-Zugführer Heute Hochzeit Macht*
Elec(D)148-30609710

**KURT HOHENBERGER UND SEIN SOLISTEN-ORCHESTER VOM »QUARTIER LATIN«**
23.2.1938, Berlin (D):
Kurt Hohenberger tp: Ernst Höllerhagen cl, as, v; Detlev Lais ts; Fritz Schulz-Reichel p,cel; Hans Korseck g; Paul Henkel b; Willi Kettel dr.
a. 22891 *Weil Der D-Zugführer Heute Hochzeit Macht*
Telefunken (D) A2475; Telef (D)6.22338
b. 22892 *Im Schlendrian*
Telefunken(D) A2475

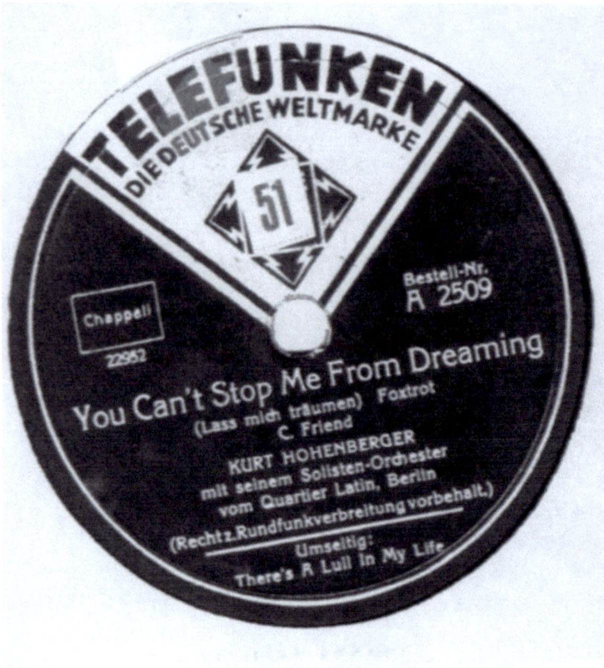


KURT HOHENBERGER UND SEIN SOLISTEN- ORCHESTER VOM »QUARTIER LATIN«
16.3.1938, Berlin (D):
Kurt Hohenberger tp: Ernst Höllerhagen cl, as, v; Detlev Lais ts; Fritz Schulz-Reichel p,cel; Hans Korseck g; Paul Henkel b; Willi Kettel dr.

a. 22952 *You Can't Stop Me From Dreaming*
Telefunken(D) A2509; Telef(D)6.22333; Telef(D) LA6257
b. 22953 *There's A Lull In My Life*
Telefunken (D) A2509

HEINZ BÄTJER AND HIS SWING ORCHESTRA
4. April 1938, Berlin(D):
George Busse tp; Ernst Höllerhagen cl, as; Kurt Puppe ts; Heinz

Bätjer p, ld; Tabor Direky g, voc; Rudi Wegener b; Harry van Dijk dr.

Tur 5062 *Take Another Guess* (voc TD)
Odeon (G) rej., Grand (Sw) 058-A
Tur 5063 *China Boy*
Grand (Sw) 058-B

**DIE GOLDENE SIEBEN UND IHR ORCHESTER**
4.1938, Berlin (D):
Kurt Hohenberger, Carl Hohenberger, Karl Kutzer tp; Erhard Krause, Willi Berking tb; Ernst Höllerhagen cl,as; Franz Thon, Eddie Brunner cl,as,ts; Kurt Wege bs; Adalbert Luczkowski v; Georg Haentzschel p,cel; Hans Korseck g; Rudi Wegener b; Waldi Luczkowski dr; Hilde Hildebrand voc.

a. ORA2831-1 *So Süss Kann Nur Die Liebe Sein*
Electrola(D)EG6312
b. ORA2S31-1 *Where Or When*

**TEDDY STAUFFER AND THE ORIGINAL TEDDIES**
9.4.1938, Berlin (D):
Harry Herzog, Carl Hohenberger, Max Müssigbrodt tp; Walter Dobschinski, Erich Böhme, Albert Wollenhaupt tb; Ernst Höllerhagen cl,as; Bertalan Bujka cl,as,ts,v; Franz Thon as,bs; Benny DeWeille cl,as,ts; Teddy Kleindin ts; Teddy Stauffer ts; Jack Trommer p; Hans »Buddy« Bertinat p,v; Billy Toffel g,voc; André Schuster b; Paul »Polly« Guggisberg dr; Betty Toombs voc.

a. 23013 *Home Town*
Telefunken (D) A2530
b. 23014 I *Wanna Be In Winchell's Column*
Telefunken(D)A2533
c. 23015 *Who Knows* (BT voc)
Telefunken (D)A2534.
d. 23016 *Rosalie* (BT voc)

**KURT HOHENBERGER UND SEIN SOLISTEN-ORCHESTER VOM »QUARTIER LATIN«**
11.4.1938, Berlin (D):
Kurt Hohenberger tp: Ernst Höllerhagen cl, as, v; Detlev Lais ts;

Fritz Schulz-Reichel p,cel; Hans Korseck g; Paul Henkel b; Willi Kettel dr.

| | |
|---|---|
| a. 23017 | *Lou*<br>Telefunken(D)A2529; Telef (D)6.22388 |
| b. 23018 | *Rhythmus*<br>Telefunken(D)A2529 |

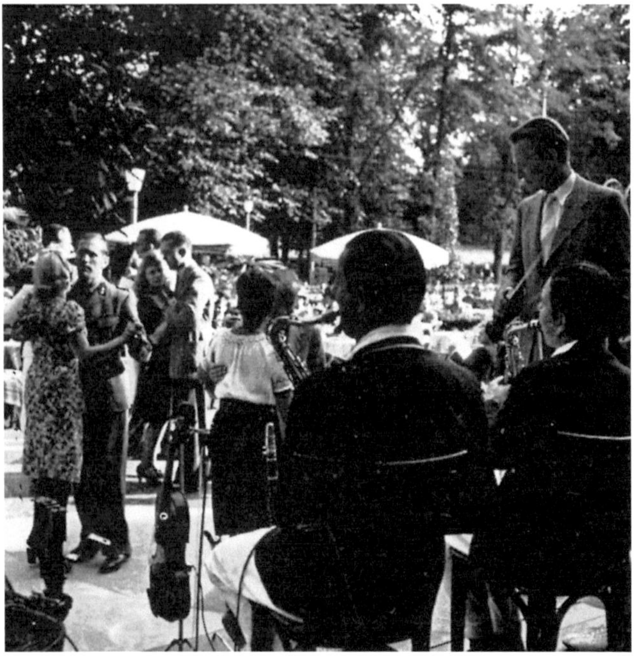

**TEDDY STAUFFER AND THE ORIGINAL TEDDIES**
21.4.1938, Berlin (D):
Carl Hohenberger, Maurice Gigaz, Casi Bonjour, tp; Walter Dobschinski, Erich Böhme, Erich Wollenhaupt tb; Ernst Höllerhagen cl,as; Bertalan Bujka cl,as,ts,v; Franz Thon as,bs; Benny DeWeille cl,as,ts; Omer de Cock ts, arr.; Teddy Stauffer ts; Jack Trommer p; Hans »Buddy« Bertinat p,v; Billy Toffel g,voc; André Schuster b; Paul »Polly« Guggisberg dr; Betty Toombs voc.

| | |
|---|---|
| a. 23046 | *Whistle While You Work* (BT voc)<br>Telefunken(D)A2533 |

b. 23047 *One Song*
c. 23048 *Some Day My Prince Will Come* (BT voc)
Telefunken (D) A2532
d. 23049 *With A Smile And A Song* (BT voc)
a. also on Telefunken (D) 6.22386

**TEDDY STAUFFER AND THE ORIGINAL TEDDIES**
27.4.1938, Berlin (D):
Carl Hohenberger, Maurice Gigaz, Casi Bonjour, tp; Walter Dobschinski, Erich Böhme, Albert Wollenhaupt tb; Ernst Höllerhagen cl,as; Bertalan Bujka cl,as,ts,v; Franz Thon as,bs; Benny DeWeille cl,as,ts; Omer de Cock ts, arr.; Teddy Stauffer ts; Jack Trommer p; Hans »Buddy« Bertinat p,v; Billy Toffel g,voc; André Schuster b; Paul »Polly« Guggisberg dr; Betty Toombs voc.

a. 23078 *Big Apple*
Telefunken (D)A2566
b. 23079 *The Original: The Big Apple*
b. also on Telefunken(D)6.23360

**KURT HOHENBERGER UND SEIN SOLISTEN-ORCHESTER VOM »QUARTIER LATIN«**
27.4.1938, Berlin (D):
Kurt Hohenberger tp: Ernst Höllerhagen cl, as, v; Detlev Lais ts; Fritz Schulz-Reichel p,cel; Hans Korseck g; Paul Henkel b; Willi Kettel dr.

a. 23080 *Limehouse Blues* (band voc)
Telefunken(D)A2567 Telef(D)6.22388
b. 23081 *The Love Bug Will Bite You*
Telefunken(D)A2567

**DIE GOLDENE SIEBEN UND IHR ORCHESTER**
Mai 1938, Berlin (D):.
Kurt Hohenberger, Carl Hohenberger, Karl Kutzer tp; Erhard Krause, Willi Berking tb; Ernst Höllerhagen cl, as; Franz Thon, Eddie Brunner cl,as,ts; Kurt Wege bs; Adalbert Luczkowski v; Georg Haentzschel p,cel; Hans Korseck g; Rudi Wegener b; Waldi Luczkowski dr; Hilde Hildebrand voc.

a. ORA2900-2 *Du Gehörst Zu Mir*
Electrola(D)EG6345; Elec(D)134-32749/50
b. ORA2901-1 *Hinter Schloss Und Riegel*
Electrola(D)EG6345; Elec(D)134-32749/50.
c. ORA2921-2 *In A Little Spanish Town (Granada)*
Electrola(D)EG6355; Elec(D) 143-30609/10
d. ORA2922-2 *Immer Wieder Tanzen*
Electrola(D)EG6355; Elec (D)148-30609/10

**DIE GOLDENE SIEBEN UND IHR ORCHESTER**
6.1938, Berlin (D):
Kurt Hohenberger, Carl Hohenberger, Karl Kutzer tp; Erhard Krause, Willi Berking tb; Ernst Höllerhagen cl, as; Franz Thon, Eddie Brunner cl,as,ts; Kurt Wege bs; Adalbert Luczkowski v; Georg Haentzschel p,cel; Hans Korseck g; Rudi Wegener b; Waldi Luczkowski dr; Hilde Hildebrand voc, Peter Igelhoff voc.

a. ORA2985-1 *In Den Sternen Steht's Geschrieben*
Electrola(D)EG6374; Elec (D) 134-32749/50
b. ORA2986-2 *Spatzenkonzert* (PI voc)
Electrola(D)EG6374, Elec(D)148-30609/10

**TEDDY STAUFFER AND THE ORIGINAL TEDDIES**
9.9.1938, Berlin (D):
Carl Hohenberger, Maurice Gigaz, Casi Bonjour tp; Walter Dobschinski, Erich Böhme, Albert Wollenhaupt tb; Ernst Höllerhagen cl,as; Bertalan Bujka cl,as,ts, v; Omer DeCock ts; Benny DeWeille cl,as,ts; Teddy Stauffer ts; Jack Trommer p ; Hans »Buddy« Bertinat p, acc, v; Billy Toffel g, voc; André Schuster b; Paul »Polly« Gugggisberg dr; Betty Toombs voc.

a. 23425 *Say »Si Si«* (BT & BT voc)
Telefunken(D)A2S70
b. 23426 *Adios Panama* (BTof voc)
c. 23427 *So You Left Me For The Leader Of A Swing Band* (BT & BT voc)
Telefunken(D)A2671
d. 23423 *So Help Me If I Don't Love You*

**TEDDY STAUFFER AND THE ORIGINAL TEDDIES**
24.9.1938, Berlin (D):
Carl Hohenberger, Maurice Gigaz, Casi Bonjour tp; Walter Dobschinski, Erich Böhme, Albert Wollenhaupt tb; Ernst Höllerhagen cl,as; Bertalan Bujka cl,as,ts,v: Omer DeCock ts; Benny DeWeille cl,as,ts; Teddy Stauffer ts: Jack Trommer p, Hans »Buddy« Bertinat p,acc,v; Billy Toffel g,voc; André Schuster b; Paul »Polly« Guggisberg dr.

a. 2356S — *St. Louis Blues*
Telefunken(D)A2806; Telef(D)UX4837; Telef (D)HT-P509
b. 23569 — *Meditation*
c. 23570 — *I've Got A Pocketful Of Dreams* (BT voc)
Telefunken(D) A2732
d. 23571 — *I'm Gonna Lock My Heart* (BT voc).
b.,d. also on Telefunken(D)6.22386 (dated as 24.10.1938)

**DIE GOLDENE SIEBEN UND IHR ORCHESTER**
10.1938, Berlin (D):
Kurt Hohenberger, Carl Hohenberger, Karl Kutzer tp; Erhard Krause, Willi Berking tb; Ernst Höllerhagen cl, as; Franz Thon, Eddie Brunner cl,as,ts; Kurt Wege bs; Adalbert Luczkowski v; Georg Haentzschel p,cel; Hans Korseck g; Rudi Wegener b; Waldi Luczkowski dr; Hilde Hildebrand voc, Wilhelm Strienz voc.

a. ORA3317-1 — *Gute Nacht Mutter* (WS voc)
Electrola(D)EG6529
b. ORA3313-2 — *Die Kleine Stadt Will Schlafen Gehen'* (WS voc)

**DIE GOLDENE SIEBEN UND IHR ORCHESTER**
10.1938, Berlin (D):
Kurt Hohenberger, Carl Hohenberger, Karl Kutzer tp; Erhard Krause, Willi Berking tb; Ernst Höllerhagen cl, as; Franz Thon, Eddie Brunner cl,as,ts; Kurt Wege bs; Adalbert Luczkowski v; Georg Haentzschel p, cel; Hans Korseck g; Rudi Wegener b; Waldi Luczkowski dr; Hilde Hildebrand, Kirsten Heiberg voc; Franz Grothe p,arr;

a. ORA3323-1 *Warum Hat Der Napoleon...*
Electrola(D)EG6531
b. ORA3324-1 *Auf Den Flügeln Bunter Träume*

**DIE GOLDENE SIEBEN UND IHR ORCHESTER**
November 1938, Berlin (D):
Kurt Hohenberger, Carl Hohenberger, Karl Kutzer tp; Erhard Krause, Willi Berking tb; Ernst Höllerhagen cl, as; Franz Thon, Eddie Brunner cl,as,ts; Kurt Wege bs; Adalbert Luczkowski v; Georg Haentzschel p,cel; Hans Korseck g; Rudi Wegener b; Waldi Luczkowski dr; Hilde Hildebrand voc, Wilhelm Strienz voc, Kirsten Heiberg voc.

a. ORA3401-2 *Warum Hat Der Napoleon...*
Electrola(D)EG6573; Elec (D)134-32749/50
b. ORA3402-2 *Es War Ein Mädchen Und Ein Matrose*
Electrola(D)EGS573; Elec CD) 134-32743/50
c. ORA3420-2 *Zeig Der Welt Nicht Dein Herz* (KH voc)
Electrola (D)EG6580
d. ORA3421-2 *Ich Bin Wie Ich Bin* (KH voc)

**TEDDY STAUFFER AND THE ORIGINAL TEDDIES**
22.11.1938, Berlin (D):
Carl Hohenberger, Maurice Gigaz, Casi Bonjour tp; Walter Dobschinski, Erich Böhme, Albert Wollenhaupt tb; Ernst Höllerhagen cl,as; Bertalan Bujka cl,as,ts,v; Omer DeCock ts; Benny DeWeille cl,as,ts; Teddy Stauffer ts; Jack Trommer p; Hans »Buddy« Bertinat p,acc,v; Billy Toffel g, voc; André Schuster b; Paul »Polly« Guggisberg dr; Rosita Serrano, Eric Helgar voc.

a. 23687 *La Conga Blicoti* (EH voc)
Telefunken(D)A2759
b. 236S8 *Maria My Own* (EH voc)
c. 23689 *T-Pi-Tin* (RS & Trio voc)
Telefunken (D) A2758
d. 23630 *Vilja* (RS & band voc)
a. also on Telefunken (D)6.22386 (as »*Nachts Am Kongo*«)

**TEDDY STAUFFER AND THE ORIGINAL TEDDIES**
24.11.1938, Berlin (D):
Carl Hohenberger, Maurice Gigaz, Casi Bonjour tp; Walter Dobschinski, Erich Böhme, Albert Wollenhaupt tb; Ernst Höllerhagen cl, as; Bertalan Bujka cl, as,ts,v; Omer DeCock ts; Benny DeWeille l,as,ts, Teddy Stauffer ts; Jack Trommer p; Hans »Buddy« Bertinat p, acc, v; Billy Toffel g, voc; André Schuster b; Paul »Polly« Guggisberg dr.

| | |
|---|---|
| a. 23693 | *Don't Let That Moon Get Away* (BT voc) |
| | Telefunken(D)A2791 |
| b. 23694 | *Juliana* |
| | Telefunken (D) A2838 |
| c. 23695 | *A-Tisket A-Tasket* (BT & band voc) |
| | Telefunken (D)A2791; Telef(D)LA6167 ; Telef (D)HT-P509 |
| d. 23696 | *The Flat Foot Floogie* (BT & band voc) |
| | Telefunken (D)A2838 |
| | b.,c.,d. also on Telefunken (D)6.22386. |

**DIE GOLDENE SIEBEN UND IHR ORCHESTER**
12.1938, Berlin (D):
Kurt Hohenberger, Carl Hohenberger, Karl Kutzer tp; Erhard Krause, Willi Berking tb; Ernst Höllerhagen cl, as; Franz Thon, Eddie Brunner cl,as,ts; Kurt Wege bs; Adalbert Luczkowski v; Georg Haentzschel p,cel; Hans Korseck g; Rudi Wegener b; Waldi Luczkowski dr; Hilde Hildebrand voc, Wilhelm Strienz voc.

| | |
|---|---|
| a. ORA3434-1 | *In Old Chicago* |
| | Electrola(D)EG6583 |
| b. ORA3435-1 | *Gestern* |
| c. ORA3440-1 | *I've Got A Pocketful Of Dreams* |
| | Electrola(D)EG6584 Elec(D)148-30609/10 |
| d. ORA3441-2 | *Ti-Pi-Tin* |
| | Electrola(D)EG65S4; Elec(D)148-30609/10 |
| e.ORA3457-2 | *So Verliebt Wie Heut War Ich Noch Nie* |
| | Electrola(D)EG6589; Elec(D)134-32749/50 |
| f. ORA3458-2 | *Die Nacht Ist Nicht Allein Zum Schlafen Da* |
| | Electrola(D)EG6589; Elec(D)148-30609/10 |

## 1939

**DIE GOLDENE SIEBEN UND IHR ORCHESTER**
2.1939, Berlin (D):
Kurt Hohenberger, Carl Hohenberger, Karl Kutzer tp; Erhard Krause, Willi Berking tb; Ernst Höllerhagen cl,as; Franz Thon, Eddie Brunner cl,as,ts; Kurt Wege bs; Adalbert Luczkowski v; Georg Haentzschel p,cel; Hans Korseck g; Rudi Wegener b; Freddie Brocksieper dr.

a. ORA3635-2 *Oh! Aha!*
Electrola (D)EG6712; Elec(D)143-30609/10
b. ORA3636-2 *Warum Liebst Du Mich Nicht Mehr*
Electrola(D)EG6712

**DIE GOLDENE SIEBEN UND IHR ORCHESTER**
März 1939, Berlin (D):
Kurt Hohenberger, Carl Hohenberger, Karl Kutzer tp; Erhard Krause, Willi Berking tb; Ernst Höllerhagen cl,as; Franz Thon, Eddie Brunner cl,as,ts; Kurt Wege bs; Adalbert Luczkowski v; Georg Haentzschel p,cel; Hans Korseck g; Rudi Wegener b; Freddie Brocksieper dr.

a. *Was Ist Denn Schon Dabei Baby*
Electrola(D)E667S2
b. *Warum Kam Ich Nicht Reich Zur Welt*

**TEDDY STAUFFER AND THE ORIGINAL TEDDIES**
28.3.1939, Berlin (D):
Carl Hohenberger, Maurice Gigaz, Casi Bonjour tp; Walter Dobschinski, Erich Böhme, Albert Wollenhaupt tb; Ernst Höllerhagen cl,as; Bertalan Bujka cl, as, ts, v; Omer DeCock ts; Willi Sasse ts,bs; Teddy Stauffer ts; Jack Trommer p; Hans »Buddy« Bertinat p,acc,v; Billy Toffel g,voc; André Schuster b; Paul »Polly« Guggisberg dr.

a. 24127 *Jeepers Creepers* (BT voc)
Telefunken (D)A2896
b. 24128 *F.D.R.Jones* (BT & band voc)
Telefunken (D)A2974

c. 24129 *Hurray Home*
Telefunken (D)A2895
d. 24130 *Shadrack* (BT & band voc)
e. 24131 *Deep In A Dream* (BT voc)
Telefunken (D)A2896
f. 24132 *Penny Serenade* (BT voc)
Telefunken (D)A2891
d. also on Telefunken (D)6.22386

**TEDDY STAUFFER AND THE ORIGINAL TEDDIES**
29.3.1939, Berlin (D):
Carl Hohenberger, Maurice Gigaz, Casi Bonjour tp; Walter Dobschinski, Erich Böhme, Albert Wollenhaupt tb; Ernst Höllerhagen cl,as; Bertalan Bujka cl, as, ts, v; Omer DeCock ts; Willi Sasse ts,bs; Teddy Stauffer ts; Jack Trommer p; Hans »Buddy« Bertinat p,acc,v; Billy Toffel g,voc; André Schuster b; Paul »Polly« Guggisberg dr.

a. 24133 *Valse Medley*
Telefunken(D)A2974
b. 24134 *Ferdinand The Bull* (BT voc)
Telefunken (D)A2891
c. 024135 *Pagan Love Song* (BT & band voc)
Telefunken(D)E2937
d. 024136 *My Heart Belongs To Daddy*

**DIE GOLDENE SIEBEN UND IHR ORCHESTER**
April 1939, Berlin (D):
Kurt Hohenberger, Carl Hohenberger, Karl Kutzer tp; Erhard Krause, Willi Berking tb; Ernst Höllerhagen cl,as; Franz Thon, Eddie Brunner cl,as,ts; Kurt Wege bs; Adalbert Luczkowski v; Georg Haentzschel p,cel; Hans Korseck g; Rudi Wegener b; Freddie Brocksieper dr.

a. ORA3823-2 *Die Uhr Schlägt Acht*
Electrola( D) EG6792; Elec(D)148-30609/10
b. ORA3824-2 *Ein Kleines Weisses Haus*
Electrola(D) EG6792; Elec(D)148-30609/10

**DIE GOLDENE SIEBEN UND IHR ORCHESTER**
Mai 1939, Berlin (D):
Kurt Hohenberger, Carl Hohenberger, Karl Kutzer tp; Erhard Krause, Willi Berking tb; Ernst Höllerhagen cl,as; Franz Thon, Eddie Brunner cl,as,ts; Kurt Wege bs; Adalbert Luczkowski v; Georg Haentzschel p,cel; Hans Korseck g; Rudi Wegener b; Freddie Brocksieper dr; Elena Lauri voc.

a. ORA3915-1 *Ich Hab' Ja Die Liebe Nicht Erfunden* (EL voc)
Electrola(D)EG68SO
b. ORA3916-1 *Viel G1ück* (EL voc)

**DIE GOLDENE SIEBEN UND IHR ORCHESTER**
August 1939, Berlin (D):
Kurt Hohenberger, Karl Kutzer tp; Erhard Krause, Willi Berking tb; Ernst Höllerhagen cl,as; Franz Thon, Kurt Wege bs; Adalbert Luczkowski v; Georg Haentzschel p,cel; Hans Korseck g; Rudi Wegener b; Freddie Brocksieper dr.

a. ORA4205-1 *Ich Wünsch' Mir Dass Du Mir Sagst Ich Liebe Dich*
Electrola(D)EG6992
b. ORA4206-1 *Ja Und Nein*
c. ORA4223-1 *Senorita Carioca*
Electrola(D)EG6994
d. ORA4224-1 *Wenn Du Einmal Ein Mädel Magst*
all 4 titles also on Electrola (D)148-306O9/10.

**TEDDY STAUFFER UND SEINE ORIGINAL TEDDIES**
12.1939, Zürich (CH):
Casi Bonjour, Maurice Gigaz, Rolf Goldstein tp; René Weiss tb; Ernst Höllerhagen cl,as; Teddy Stauffer cl,ts; Eddie Brunner cl,ts; M. Oberle cl,ts; Maurice Chapelet cl,as,bs; Jack Trommer p; Hans »Buddy« Bertinat p; Billy Toffel g; Dolf Zinstag b; Paul »Polly« Guggisberg dr.

a. *Marsch-Potpourri*
Elite-Special(CH)4OOO
b. *Walzer-Potpourri*

| | |
|---|---|
| c. | *Guete Sunntig Mitenand* |
| | Elite-Special(CH)4001 |
| d. | *Erika* |
| e. E1656 | *Sunrise Serenade* |
| | Elite-Special (CH) 4002 |
| e. E1657 | *South Of The Border* |

## *1940*

**TEDDY STAUFFER UND SEINE ORIGINAL TEDDIES**

1940, Zürich (CH):

Casi Bonjour, Alberto Quarella, Rolf Goldstein tp; Dolf Zinstag tb; Ernst Höllerhagen cl,as; Bertalan Bujka cl, as, ts, v, e-g ; Teddy Stauffer cl, ts; Eddie Brunner cl, ts; Maurice Chapelet cl,as,bs; Jack Trommer p; Hans »Buddy« Bertinat p; Billy Toffel g,voc; René Bertschi b; Paul »Polly« Guggisberg dr.

| | |
|---|---|
| a. 1736 | *I'm Nobody Baby* (BT voc) |
| | Elite-Special(CH)4016 |
| b. 1737 | *Dilemma* |
| | Elite-Special (CH)4018 |
| c. 1738 | *I Can't Love You Anymore* (BT voc) |
| | Elite-Special(CH)4016 |
| d. 1739 | *You Think Of Everything* (BT voc) |
| | Elite-Special(CH)4017 |
| e. 1740 | *You Can't Brush Me* Off (BT voc) |
| f.1741-1 | *Dilemma* |
| | Elite-Special (CH)4O18 |
| g.1742-1 | *Tiger Rag* |
| | Elite-Special (CH)4019; Brunswick-37922 |
| h.1743-1 | *Melodies From Hawaii* |

**EDDIE BRUNNER AND HIS BAND**

April 1940, Basel (CH):

Casi Bonjour, Otto Horak, Rolf Goldstein tp; René Weiss tb; Ernst Höllerhagen cl,as; Eddie Brunner cl,ts; Maurice Chapalet cl,as,bs; Hugo Peritz ts; Jack Trommer p; Hans »Buddy« Bertinat p; Billy Toffel g,voc; Dolf Zinstag b; Paul »Polly« Guggisberg dr.

| | |
|---|---|
| a. | *Tea For Two* |
| | Elite-Special(CH)4097 |
| b. | *Let's Get Away From It All* |
| c. | *Fools Rush In* |
| | Elite-Special (CH) 4038 |
| d. | *Shake Down The Stars* |

**TEDDY STAUFFER UND SEINE ORIGINAL TEDDIES**

April1940, Zürich (CH):

Casi Bonjour, Otto Horak, Rolf Goldstein tp; René Weiss tb; Ernst Höllerhagen cl,as; Bertalan Bujka cl, as, ts,v,e-g; Teddy Stauffer cl,ts; Eddie Brunner cl,ts; Hugo Peritz cl,ts; Maurice Chapalet cl,as,bs; Jack Trommer p; Hans »Buddy« Bertinat p; Billy Toffel g,voc; René Bertschi b; Paul »Polly« Guggisberg dr.

| | |
|---|---|
| a. E1708 | *Boum!* |
| | Elite-Special(CH)40O4 |
| b. E1709 | *Give A Little Whistle* |
| c. E1710 | *El Rancho Grande* |
| | Elite-Special(CH)4005 |
| d. E1711 | *Wie Ein Seltsam Geschriebenes Buch* |
| | Elite-Special(CH)4006 |
| e. E1712 | *Ich Weiss Wie Süss Dein Mund Ist* |
| f. E713 | *In The Mood* |
| | Elite-Special(CH)4007 |
| g. E1714-2 | *It's A Hap-Hap-Happy Day* |
| | Elite-Special(CH)4008 |
| g. E1715-1 | *I Hear A Dream* |
| h. E1716-1 | *Gaucho Serenade* |
| | Elite-Special(CH)4005 |
| i. E1717 | *Stop, It's Wonderful* (BT voc) |
| | Elite-Special(CH)4007; Brunswick-87922 |

**EDDIE BRUNNER AND HIS BAND**

April 1940, Basel (CH):

Casi Bonjour, Otto Horak, Rolf Goldstein tp; René Weiss tb; Ernst Höllerhagen cl,as; Eddie Brunner cl,ts; Maurice Chapalet cl,as,bs; Hugo Peritz ts; Jack Trommer p; Hans »Buddy« Bertinat p; Billy Toffel g, voc; René Bertschi b; Paul »Polly« Guggisberg dr.

| | |
|---|---|
| a. | *Oh Johnny Oh Johnny* |
| | Elite-Special(CH)4009 |
| b. | *Yodelin' Jive* |
| | Elite-Special(CH)4009 |

**ALBERT VOSSEN UND SEINE SOLISTEN**
5.1940, Berlin (D):
Albert Vossen ld, arr; Ernst Höllerhagen cl; Kurt Henneberg v; Hans Korseck g; Rudi Wegener b; Hans Klagemann dr.

a. 25050 *Karo Sieben*
Telefunken(D)10161
b. 25051 *Blaues Meer*
a.,b. on Telefunken(D)6.23042

**EDDIE BRUNNER AND HIS BAND**
November 1940, Zürich (CH):
Ernst Höllerhagen cl; Glyn Paque as,voc; Eddie Brunner ts; Fred Böhler p; Fred Jacquillard b; René Wegmann dr.

a. CZ907-l *Scatterbrain*
Columbia(CH)ZZ1000
b. CZ908-1 *Studio Stomp*
Columbia (CH)ZZ100l
c. CZ909 *unknown title*
unissued/lost
d. CZ910-1 *It's A Wonderful World*
Columbia(CH)ZZ1000
e. CZ911 *unknown title*
unissued/lost
f. CZ912-1 *Smoke House Rhythm*
Columbia(CH)ZZ1001
g. *My My* (GP voc)
Columbia(CH)ZZ1002
h. *Are You Having Any Fun?*
i. *Old And New* (EH,GP out)
Columbia(CH)ZZ1003

# 1941

## TEDDY STAUFFER UND SEINE ORIGINAL TEDDIES

1941, Zürich (CH):
Casi Bonjour, Marcel Fetterle, Rolf Goldstein tp; Claude DeCoulon tb; Ernst Höllerhagen cl,as; Bertalan Bujka cl, as, ts, v, e-g; Paul Linder as, ts; Teddy Stauffer cl,ts; Eddie Brunner cl,ts; Maurice Chapalet cl,as,bs; Jack Trommer p; Hans »Buddy« Bertinat p; Billy Toffel g, voc; René Bertschi b; Paul »Polly« Guggisberg dr; Geschwister Schmid voc.

| | |
|---|---|
| a. 1789-2 | *Chanson De Marguerite* (BT voc) |
| | Elite-Special (CH)4032 |
| b. 1790 | *I'll Never Smile Again* |
| | Elite-Special (CH)4033 |
| c. 1791-1 | *Margritliliedli* (GS voc) |
| | Elite-Special (CH)4032 |
| d. 1792 | *Practice Makes Perfect* (BT voc) |
| | Elite-Special (CH)4033 |
| e. | *Booly Ja Ja* |
| | Elite-Special (CH)4034 |
| f. | *Wednesday Night Hop* |
| | Elite-Special (CH)4035 |
| g. | *Avalon* |
| | Elite-Special (CH)4035 Brunswick-87922 |
| h. | *Bugle Call Rag* |
| | Elite-Special (CH)4035 Brunswick-87922 |

## TEDDY STAUFFERS »ORIGINAL TEDDIES«

ca. Januar 1941, Basel(CH):
Teddy Stauffer ld; Rolf Goldstein, E. »Wurm« Lindemann tp; Ernst Höllerhagen cl,as; Paul Linder, Eddie Brunner ts,cl; M. Oberle as,cl; Bertalan Bujka as,cl,v; Jack Trommer, Buddy Bertinat p; Billy Toffel g, voc; René Bertschi b; Polly Guggisberg dr.

| | |
|---|---|
| E1830 | *We Three* (BT voc) |
| | Elite Special 4053 |
| E1833 | *Down Argentine Way* (BT voc) |
| | Elite Special4053 |

**EDDIE BRUNNER AND HIS BAND**
Januar 1941, Basel (CH):
Casi Bonjour, Rolf Goldstein, E. »Wurm« Lindemann tp; Willie Zinder tb; Ernst Höllerhagen cl, as; Maurice Chapalet as; Eddie Brunner ts; M.Oberle ts; Hans »Buddy« Bertinat p; Billy Toffel g; René Bertschi b; Paul »Polly« Guggisberg dr.

| | |
|---|---|
| a. | *You're The One* |
| | Elite-Special(CH)4051 |
| b. | *Say It* |
| c. E1830 | *We Three* (BT voc) |
| | Elite-Special(CH)4053 |
| d. E183l | *unknown title* |
| | unissued/lost |
| e. El832 | *unknown title* |
| | unissued/lost |
| f. E1833 | *Down Argentina Way* (BT voc) |
| g. E1834 | *Dans Mon Cœur* |
| | Elite-Special(CH)4055 |
| h. E1835 | *unknown title* |
| | unissued/lost |
| i. E1836-2 | *St.Louis Blues* |
| | Elite-Special(CH)4055 |
| j. | *Only Forever* |
| | Elite-Special(CH)4052 |
| k. | *Maybe* |

**EDDIE BRUNNER AND HIS BAND**
Juni 1941, Basel (CH) :
Casi Bonjour, Rolf Goldstein, E. »Wurm« Lindemann tp, Willie Zinder tb; Ernst Höllerhagen cl,as; Maurice Chapalet as; Eddie Brunner ts; Hans »Buddy« Bertinat p; Billy Toffel g; René Bertschi b; Paul »Polly« Guggisberg dr; Phyllis Heymans voc.

| | |
|---|---|
| a. | *It's You Or Again* (PH voc) |
| | Elite-Special(CH)4108 |
| b. | *Number Ten Lullaby Lane* |
| | Elite-Special(CH)4089 |
| c. | *Blue Afterglow* |
| | Brunswick-87922 |
| d. | *Boogie Woogie Bugle* Boy |
| | Elite-Special (CH)4086 Brunswick-87922 |

e. *Do I Worry*
Elite-Special (CH)4086

f. *My Reverie*
Elite-Special(CH)4085

g. *The Last Time I Saw Paris*

h. *Nighty Night*
Elite-Special(CH)4098

i. *With A Twist Of A Wrist* (PH voc)

j. *Jitterbugs Idea*
Elite-Special (CH); 4094 Brunswick-87922

k. *Does She Love Me*
Elite-Special(CH)4094

1. *Let's Have Another Dance*
Elite-Special(CH)4096

m. *The Thing I Love*

n. *I Concentrate On You*
Elite-Special(CH)4084

o. *So You've Got Me This Way*

p. *Lucky Day*
Elite-Special(CH)4075; Brunswick-87922

q. *Mni Stomp*
Elite-Special(CH)4075; Brunswick-87922

r. *Amapola*
Elite-Special(CH)4088

s. *Hey! Little Hen*
Elite-Special(CH)4095

t. *Yes My Darling Daughter*

u. *Our Love Affair*
Elite-Special(CH)4099

v. *I Close My Eyes*

**WILLIE LEWIS AND HIS NEGRO BAND**

19.6.1941, Zürich (CH):

Louis Bacon, Henry Mason tp; Billy Burns tb; Willie Lewis as,voc; Ernst Höllerhagen cl,as; Johnny Russell cl,ts; Denis Chappelet ts; Alfred Siegrist p; Peter Angst g;. June Cole b,voc; Tommy Benford dr.

a. 1886 *What Will I Do*
Elite-Special(CH)4067

b. 1887 *Happy Feet*
b. 1888 *Baby Ain't You Satisfied*
Elite-Special(CH)4068
c. 1889 *Ti-Pi-Tin* (WL voc)
d. 1890 *Roses Of Picardy* (WL voc)
Elite-Special(CH)4069
e. 1891 *Les Bateliers De La Volga*
f. 1892 *Lover Come Back To Me*
Elite Special(CH)4070
g. 1893 *Swinging At »Chez Florence«*
h. 1894 *I Ain't Got Nobody* (WL voc)
Elite-Special(CH)4071
i. 1895 *Bacon's Blues*
j. *Roses Of Picardy* (WL voc)
Brunswick-87530
all tracks except–d. on Brunswick-87530.

**WILLIE LEWIS AND HIS NEGRO BAND**

27.6. 1941, Zürich (CH):

Louis Bacon, Henry Mason tp; Billy Burns tb; Willie Lewis as,voc; Ernst Höllerhagen cl,as; Johnny Russell cl,ts; Denis Chappelet ts; Alfred Siegrist p; Peter Angst g;. June Cole b,voc; Tommy Benford dr.

a. 1920 *Christmas Night In Harlem*
Elite-Special(CH)4078
b. 1921 *Ol' Man River*
Elite-Special(CH)4079
c. 1922 *Christopher Columbus*
d. 1923 *I've Found A New Baby*
Elite-Special (CH) 4078
e. 1924 *After You've Gone*
Elite-Special(CH)4080
f. 1925 *Body And Soul*
all tracks also on Brunswick-87530.

**EDDIE BRUNNER AND HIS BAND**

Dezember 1941, Basel (CH):

Otto Horak, Marcel Fetterle tp; Fred DeCoulon tb; Ernst Höllerhagen cl,as; Maurice Chapalet as; Eddie Brunner ts, Hans »Buddy« Bertinat p; Billy Toffel g; René Bertschi b; Paul »Polly« Guggisberg dr; Phyllis Heymans voc.

a. *Watcha Know Joe*
Elite-Special (CH)4087
b. *Look At Me Now*
c. *Summer Serenade*
Elite-Special (CH)4109
d. *My Foolish Heart And I*
e. *Kiss The Boys Goodbye* (PH voc)
Elite-Special(CH)4107
f. *Daddy* (PH voc)
g. *Time Was*
Elite-Special (CH)4110
h. *Two Hearts That Pass In The Night*

**EDDIE BRUNNER AND HIS BAND**

Dezember 1941 Basel (CH):

Louis Bacon, Henry Mason tp; Billy Burns tb; Ernst Höllerhagen cl,as; Maurice Chapalet as; Eddie Brunner ts; Hans »Buddy« Bertinat p; Billy Toffel g; René Bertschi b; Paul »Polly« Guggisberg dr; possible other unidentified musicians from Willie Lewis Orchestra

a. *America I Love You*
Elite-Special(CH)4073
b. *There'll Be Some Changes Made*
c. *Two Hearts Met*
Elite-Special(CH)4074
d. *You Say The Sweetest Things*

## *1942*

**EDDIE BRUNNER AND HIS BAND**
Juni 1942, Basel (CH):
Casi Bonjour, Rolf Goldstein, E. »Wurm« Lindemann tp; Willie Zinder tb; Ernst Höllerhagen cl, as; Bertalan Bujka cl, as; Eddie Brunner ts; Paul Linder ts; Hans »Buddy« Bertinat p; Jack Trommer p; Billy Toffel g; Paul »Polly« Guggisberg dr; The Four Cacadoes voc.

a. E2128 *Deep In The Heart Of Texas* (4C voc)
Elite-Special(CH)4131
b. E2129 *Don't Sit Under The Apple Tree* (4C voc)
c. *Elmer's Tune*
Elite-Special(CH)4129
d. *Me And My Malinda*
e. *Chattanooga Choo Choo*
Elite-Special(CH)4130
f. *I Know Why*
g. *The Waiter And The*
Elite-Special(CH)4132
h. *Baby Mine*
i. E2133 *Keep 'em Flying*
Elite-Special(CH)4133
j. E2134 *Windy City Jive*
Swiss Jazz (CH) LP 6301

**EDDIE BRUNNER AND HIS BAND**
23.7.1942 Basel (CH):
Casi Bonjour, Rolf Goldstein, E. »Wurm« Lindemann tp; Willie Zinder tb; Ernst Höllerhagen cl, as; Bertalan Bujka cl, as; Eddie Brunner ts; Paul Linder ts; Hans »Buddy« Bertinat p; Jack Trommer p; Billy Toffel g; Paul »Polly« Guggisberg dr; The Four Cacadoes voc.

a. *You Don't Mind Woody*
b. *Hungarian Rapsody No. 2*
c. *Tonight We Love*
Elite-Special(CH)4136

| | |
|---|---|
| d. | *I Don't Want To Walk* |
| | Elite-Special(CH)4137 |
| e. | *Jim* |
| f. | *When You Go Up And Down* |
| | Elite-Special(CH)4142 |
| g. | *Three Little Sisters* |

**EDDIE BRUNNER AND HIS BAND**

28.8.1942 Basel (CH):

Casi Bonjour, Rolf Goldstein, E. »Wurm« Lindemann tp; Willie Zinder tb; Ernst Höllerhagen cl, as; Bertalan Bujka cl, as; Eddie Brunner ts; Paul Linder ts; Hans »Buddy« Bertinat p; Jack Trommer p, Billy Toffel g; Paul »Polly« Guggisberg dr; The Four Cacadoes voc.

| | |
|---|---|
| a. | *What About Lonesome* |
| | Elite-Special(CH)4160 |
| b. | *Chant Du Forain* |
| c. | *Let's Have Another Cup Of Coffee* |
| | Elite-Special(CH)4161 |
| d. | *Let's Dream This One Out* |
| e. | *Swingin' With Benny Carter (Fish Fry)* |
| | Elite-Special(CH)4140 |
| f. | *Stompin' With Charlie Barnet* |
| g. | *Dear Mam'* |
| | Elite-Special(CH)4159 |
| h. | *I'm Thrilled* |
| i. E2185 | *Kiss Polka* (PH voc) |
| | Elite-Special(CH)4143 |
| j. E2186 | *Jingle Jangle* (PH voc) |
| k. | *Jerey Bounce* |
| | Elite-Special(CH)4129 |
| l. | *Hallelujah* |

**PHILIPPE BRUN SEPTETT**

September 1942, unknown location (CH):

Philippe Brun tp ; Ernst Höllerhagen cl, as; Eddie Brunner ts; Rio DeGregory p; Bertalan Bujka g; Bob Jacquillard b; Paul »Polly« Guggisberg dr.

a. *Mickey's Round*
Elite-Special(CH)4148
b. *Goofie*
c. *Blue Party pt.1*
Elite-Special(CH)4149
d. *Blue Party pt.2*
e. *Intermezzo*
Elite-Special(CH)4150
f. *Swinging With Ross*
g. *Swing Encore*
Elite-Special(CH)4151
h. *Study In G*
Elite-Special(CH)412
i. *Jiving At Maxims*
j. *Nine O'Clock Swing* (EB out)
Elite-Special(CH)4151

**EDDIE BRUNNER AND HIS BAND**
1.9.1942, Basel (CH):
Casi Bonjour, Rolf Goldstein, E. »Wurm« Lindemann tp; Willie Zinder tb; Ernst Höllerhagen cl, as; Bertalan Bujka cl, as; Eddie Brunner ts; Paul Linder ts; Hans »Buddy« Bertinat p; Jack Trommer p; Billy Toffel g; René Bertschi b; Paul »Polly« Guggisberg dr; Phyllis Heymans voc.

a. *Babes On Broadway*
Elite-Special(CH)4144
b. *Hoe Down*
c. *Minnie From Trinidad*
Elite-Special(CH)4145
d. *The Nango*

**EDDIE BRUNNER AND HIS BAND**
3.12.1942, Basel (CH):
Casi Bonjour, Rolf Goldstein, E. »Wurm« Lindemann tp; Willie Zinder tb; Ernst Höllerhagen cl, as; Bertalan Bujka cl, as; Eddie Brunner ts; Paul Linder ts; Hans »Buddy« Bertinat p; Jack Trommer p ; Billy Toffel g; Paul »Polly« Guggisberg dr; Phyllis Heymans voc.

| | |
|---|---|
| a. | *Pennsylvania Polka* |
| | Elite-Special(CH)4174 |
| b. | *The Happy Humming Bird* |
| c. | *I Got A Girl In Kalmazoo* |
| | Elite-Special(CH)4172 |
| d. | *Wait Until The Sun Shines, Nelly* |
| e. | *What Is This Thing Called Love* |
| | Elite-Special(CH)4173 |
| f. E2315 | *I Got Rhythm* |
| | Elite-Special(CH)4175 |
| g. E2326 | *Farewell Blues* |
| h. | *Be Careful It's My Heart* |
| | Elite-Special(CH)4176 |
| i. | *That Solid Old Man* (PH voc) |
| j. | *My Devotion* |
| | Elite-Special(CH)4177 |
| k. | *Wonder When My Baby's Coming Home* |

**ERNST HÖLLERHAGEN QUARTETT**
14.12.1942, Zürich (CH):
Ernst Höllerhagen cl; Hans »Buddy« Bertinat p; Gene Favre b; Paul »Polly« Guggisberg dr.

| | |
|---|---|
| a. 2338 | *If I Had You* |
| | Elite-Special(CH)4181; Swiss-Jazz (CH) LP6301 |
| b. 2339 | *Exactly Like You* |
| | Elite-Special(CH)4181; Swiss-Jazz (CH) LP6301 |

## 1943

**ERNST HÖLLERHAGEN QUINTETT**
l943, Zürich(CH):
Ernst Höllerhagen cl; Hazy Osterwald vib; Hans »Buddy« Bertinat p; Gene Favre b; Paul »Polly« Guggisberg dr.

a. 2679 *Sunday Niqht Hop*
Elite-Special(CH)4274.
b. 2680 *Three O'Clock*

**PHILIPPE BRUN SEPTETT**
1943, unknown location(CH):
Philippe Brun tp; Ernst Höllerhagen cl, as; unidentified ts; Rio DeGregory p; Bertalan Bujka g; Bob Jacquillard b; Paul »Polly« Guggisberg dr.

a. *Taking It Easy*
Elite-Special(CH)4186.
b. *Philippe's New Stomp*
c. *Swing Dream*
Elite-Special(CH)4189.
d. *Some's Going On*

**EDDIE BRUNNER SEPTETT**
13.4.1943 Basel oder Genf (CH):
Alberto Quarella tp; Ernst Höllerhagen cl; Eddie Brunner ts; Hans »Buddy« Bertinat p; Bertalan Bujka g; Gene Favre b; Paul »Polly« Guggisberg dr.

a. 2359 *Eddie Stomp*
Elite-Special(CH)4193
b. 2360 *Boogie-Woogie in C-Major*

## ERNST HÖLLERHAGEN QUARTETT

13.4.1943 Zürich (CH):
Ernst Höllerhagen cl; Hans »Buddy« Bertinat p; Gene Favre b; Paul »Polly« Guggisberg dr.

a. 2357 *Melancholy Baby*
Elite-Special(CH)4192
b. *One O'Clock Jump*
Elite-Special(CH)4191; Swiss-Jazz(CH)LP6301
c. *Between The Devil And The Deep Sea*
Elite-Special(CH)4191
d. 2361 *In A Little Spanish Town*
Elite-Special(CH)4192

## EDDIE BRUNNER AND HIS BAND

8.7.1943, Basel (CH):
Casi Bonjour, Alberto Quarella, tp; Willie Zinder tb; Ernst Höllerhagen cl, as: Bertalan Bujka cl, as; Eddie Brunner ts; Paul Linder ts; Hans »Buddy« Bertinat p; Jack Trommer p; Billy Toffel g; Gene Favre b; Paul »Polly« Guggisberg dr.

a. E2426 *Number 26 In The Book*
Elite-Special(CH)4204; Swisss-Jazz(CH) LP6301
b. E2427 *Tschau Tschau Boogie*
Elite-Special(CH)4204; Swisss-Jazz(CH) LP6301
c. *Idaho*
Elite-Special(CH)4205
d. *Weep No More My Lady*

## EDDIE BRUNNER AND HIS BAND

18.8.1943, Basel (CH):
Casi Bonjour, Alberto Quarella, tp; Willie Zinder tb; Ernst Höllerhagen cl, as; Bertalan Bujka cl, as; Eddie Brunner ts; Paul Linder ts; Hans »Buddy« Bertinat p; Jack Trommer p; Billy Toffel g; Gene Favre b; Paul »Polly« Guggisberg dr.

a. *Corso Express*
Elite-Special(CH)4119

b. *Coming In On A Wing*
c. *As Time Goes By*
Elite-Special(CH)4215
d. *Don't Get Around Much Anymore*
e. *I've Never Had That Song Before*
Elite-Special(CH)4118
f. *You Never Know*

**ERNST HÖLLERHAGEN QUARTETT**
18.8.1943, Zürich (CH):
Ernst Höllerhagen cl; Hans »Buddy« Bertinat p; Gene Favre p; Paul »Polly« Guggisberg dr.

a. *You Took Advantage Of Me*
Elite-Special(CH)4216
b. *My Blue Haven*
Elite-Special(CH)4116

**EDDIE BRUNNER AND HIS BAND**
12.12.1943, Basel (CH):
Casi Bonjour, E. »Wurm« Lindemann tp; Willie Zinder tb; Ernst Höllerhagen cl, as; Bertalan Bujka cl, as; Eddie Brunner ts; Paul Linder ts; Hans »Buddy« Bertinat p; Jack Trommer p; Billy Toffel g., Gene Favre b; Paul »Polly« Guggisberg dr.

a. *Put Your Arms Around Me Honey*
Elite-Special(CH)4231
b. *Paper Doll*
c. *Sunday, Monday or Always*
Elite-Special(CH)4230
d. *In The Blue Of The Evening*
e. *People will say We're In Love*
Elite-Special(CH)4229
f. *I Heard You Cry Last Night*

# 1944

## PHILIPPE BRUN SEXTETT

1944, Basel(CH):
Philippe Brun tp; Eddie Brunner ts; Ernst Höllerhagen cl,as; Hans »Buddy« Bertinat p; Gene Favre b; Charlie Blatter dr.

a. 2847-2 *Jazz Me Blues*
Elite-Special(CH)4342
b. 2848 *At The Darktown Strutters Ball*

## ERNST HÖLLERHAGEN AND HIS BAND

1944 Zürich (CH):
Ernst Höllerhagen cl, as; Bertalan Bujka cl, as; Werner Zimmermann as; Michel Eberhard ts; Denis Chappelet ts; Hazy Osterwald vib, Hans »Buddy« Bertinat p; Gene Favre b; Paul »Polly« Guggisberg dr; other musisians unidentified.

a. *Shade Of Grey*
Elite-Special(CH)4282
b. *Black Eyed Susan Brown*
c. *Stompin' at the Savoy*
Elite-Special(CH)4283
d. *Why Don't You Do Right*

## ERNST HÖLLERHAGEN QUARTETT

1944, Zürich (CH):
Ernst Höllerhagen cl; Hans »Buddy« Bertinat p; Gene Favre p; Paul »Polly« Guggisberg dr.

a. *Contact Benny*
Elite-Special(CH)4324
b. *Sweet And Lovely*
c. 2820 *It Had To Be You*
Elite-Special(CH)4325
d. 2819 *Honeysuckle Rose*

**EDDIE BRUNNER AND HIS BAND**

1.6.1944, Basel (CH):

Casi Bonjour, E. »Wurm« Lindemann tp; Willie Zinder tb; Ernst Höllerhagen cl, as; Bertalan Bujka cl, as; Paul Zimmermann as; Eddie Brunner ts; Paul Linder ts; Hans »Buddy« Bertinat p; Gene Favre b; Paul »Polly« Guggisberg dr; Phyllis Heymans voc; The Four Cacadoes voc.

| | |
|---|---|
| a. | *Shoo Shoo Baby* (PH voc.) |
| | Elite-Special(CH)4269 |
| b. | *Mississipi Dreamboat* (PH voc) |
| c. E2625-2 | *When Johnny Is Marching Home* (PH, 4C voc) |
| d. E6226 | *Mexico City* (PH, 4C voc) |

same Date: Alberto Quarella tp replaces Hazy Osterwald.

| | |
|---|---|
| e. | *It's Love Love Love* |
| | Elite-Special(CH)4272 |
| f. | *Mister Basie Goes To Washington* |
| | Swiss-Jazz(CH)LP6301 |

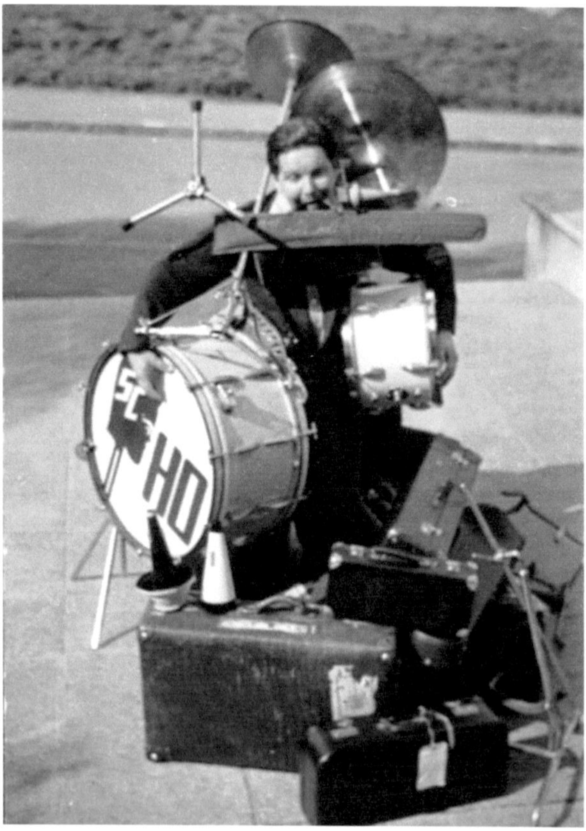

## 1945

### ERNST HÖLLERHAGEN QUARTETT

1945, Zürich (CH):
Ernst Höllerhagen cl; Hans »Buddy« Bertinat or Rolf Goldstein p; Gene Favre p; Paul »Polly« Guggisberg dr.

| | |
|---|---|
| a. | *Take The A-Train* |
| | Elite-Spezial(CH)4391 |
| b. | *Sentimental Journey* |
| c. 2969 | *Tea For Two* |
| | Elite-Spezial(CH)4401 |
| d. 2970 | *Lady Be Good* |
| e. | *Nancy* |
| | Elite-Spezial(CH)4446 |
| f. | *Gotta Be This Or That* |

### EDDIE BRUNNER AND HIS BAND

1.1945, Basel (CH):
Casi Bonjour, Alberto Quarella, Hazy Osterwald tp; Fred DeCoulon, Willie Zinder tb; E. »Wurm« Lindemann tp; Willie Zinder tb; Bertalan Bujka cl, as; Ernst Höllerhagen cl, as; Paul Zimmermann as; Eddie Brunner ts; Paul Linder ts; Hans »Buddy« Bertinat p; Billy Toffel g; Gene Favre b; Paul »Polly« Guggisberg dr, Phyllis Heymans voc.

| | |
|---|---|
| a. E2842 | *The Trolley Song* |
| | Elite-Spezial(CH)4340 |
| b. E2843 | *Take It Easy* (PH Voc.) |

## 1946

### EDDIE BRUNNER AND HIS BAND

1946, Basel (CH):
Casi Bonjour, Alberto Quarella, Hazy Osterwald tp; Fred DeCoulon, Willie Zinder tb; Bertalan Bujka cl, as; Ernst Höllerhagen cl, ts; P. Zimmermann as; Eddie Brunner ts; Paul Linder ts; Hans »Buddy« Bertinat p; Billy Toffel g; Gene Favre b; Paul »Polly« Guggisberg dr; Phyllis Heymans voc.

a. E3247 *No Can Do*
Elite-Special(CH)4513
b. E3228 *Chickery Chick*

### ERNST HÖLLERHAGEN QUARTETT

1946, Zürich (CH):
Ernst Höllerhagen cl; Hans »Buddy« Bertinat or Rolf Goldstein p; Gene Favre p; Paul »Polly« Guggisberg dr.

a. *The Gypsy*
Elite-Spezial(CH)4530
b. *Aren't Yo Glad You're You*
c. 3299 *Oh What It Seemed To Be*
Elite-Spezial(CH)4532
d. 3300 *Let It Snow*

### ERNST HÖLLERHAGEN QUARTETT

1946, Zürich (CH):
Ernst Höllerhagen cl; Hans »Buddy« Bertinat or Rolf Goldstein p; Gene Favre p; Paul »Polly« Guggisberg dr.

a. 3320 *I'll Buy That Dream*
Elite-Spezial(CH)4542
b. 3321 *Hallelujah*
c. 3322 *Laughin At The Outside*
Elite-Spezial(CH)4543
d. 3323 *It Might As Well Be Spring*

# 1947

## EDDIE BRUNNER SEXTETT

1947, Basel (CH):
poss. Ernst Höllerhagen cl, as; Eddie Brunner ts; Hans »Buddy« Bertinat p; Eric Brooks g; Sunny Lang b; Stuff Combe dr.

a. 3494 — *Alexander*
Elite-Special(CH)4611
b. 3495 — *Barbara*

## ERNST HÖLLERHAGEN QUINTETT

1947, Zürich (CH):
Ernst Höllerhagen cl; Hazy Osterwald vib; Hans »Buddy« Bertinat p; Sunny Lang b; Stuff Combe dr.

a. 3483 — *Wanda*
Elite-Special(CH)4601
b. 3484 — *Easy Mood*
Elite-Special(CH)4602
c. 3485 — *Five Minutes More*
d. 3486 — *Sioux City Sue*
Elite-Special(CH)4601

## ERNST HÖLLERHAGEN QUINTETT

1947, Genf (CH):
Ernst Höllerhagen cl; Hazy Osterwald vib; Jaap Streefkerk p; Bob Jacquillard b; Jackie Tunis dr.

a. 3620 — *Get Happy*
Elite-Special(CH)4651
b. 3621 — *Louis XV*
c. — *Guilty*
Elite-Special(CH)4652
d. — *'S Wonderful*

**EDDIE BRUNNER AND HIS BAND**
1.1947, Basel (CH):
Casi Bonjour, Alberto Quarella tp; Fred DeCoulon, Willie Zinder tb; Bertalan Bujka cl, as; Ernst Höllerhagen cl, ts; P. Zimmermann as; Eddie Brunner ts; Paul Linder ts; Hans »Buddy« Bertinat p; Billy Toffel g; Gene Favre b; Paul »Polly« Guggisberg dr; Phyllis Heymans voc.

a. E3431 *Hey Ba-Ba-Re-Bop*
Elite-Special(CH)4576
b. E3432 *Sioux City Sue*

**HAZY OSTERWALD ORCHESTER**
Mai 1947, Genf (CH):
Hazy Osterwald, Enzo Bellini, Willy Vaterlaus tp; Tommy Bruderer tb; Ernst Höllerhagen cl, as; Michel Eberhard ts; Hank Martin cl, ts; Henry Adler bs; Jaap Streefkerk p; Bob Jacquillard b; Jackie Tunis dr.

a. E3616 *Wanda*
Elite-Special(CH)4649
b. E3617 *Business-Man*

**»ORIGINAL TEDDIES«, LEITUNG TEDDY STAUFFER:**
ca. August 1947, Basel(CH):
Teddy Stauffer ld,arr; Casi Bonjour, Alberto Quarella tp; Claude DeCoulon, W. Zinder tb; Ernst Höllerhagen cl, as; Paul Linder ts; Bertalan Bujka as, cl, v; Jack Trommer, Buddy Bertinat p; Billy Toffel g; Gene Favre b; Polly Guggisberg dr.
wahrscheinlich auf:

E3630 *Linda*
Elite Special4654
E3632 *Gu-Tu-Gu-Ru-Du*
Elite Special4656
E3633 *Linda Mujer*
Elite Special4656
E3634 *Mademoiselle Hortensia*
Elite Special4654

## 1948

### EDDIE BRUNNER SEXTETT

1948, Basel (CH):
Alberto Quarella tp; Ernst Höllerhagen cl. as; Eddie Brunner ts; Hans »Buddy« Bertinat p; Bertalan Bujka g; Gene Favre b; Paul »Polly« Guggisberg dr.

a. *Te Vaquy A Fny*
Elite-Special(CH)4712
b. *Ibolyak*
c. 3377 *One Love*
Elite-Special(CH)4709
d. 3873 *I Wonder Who's Kissing Her Now*

### ERNST HÖLLERHAGEN QUINTETT

März 1948, Genf (CH):
Ernst Höllerhagen cl ; Hazy Osterwald tp, vib; Jaap Streefkerk p; Bob Jacquillard b; Jackie Tunis dr.

a. 3891 *Lover*
Elite-Special(CH)4714
b. 3892 *Margie*
c. 3893 *Dardanella*
Elite-Special(CH)4713
d. 3894 *Cellar Party*
e. 3895 *Clopin-Clopant* (HO, JS out)
Elite-Special(CH)4715
f. 3896 *Coquett* (HO, JS out)

### HAZY OSTERWALD ORCHESTER

Februar 1948, Genf (CH):
Hazy Osterwald tp, ld; Enzo Bellini, Willy Vaterlaus tp; Tommy Bruderer tb; Ernst Höllerhagen cl, as; Michel Eberhard ts; Hank Martin cl, ts; Henry Adler bs; Jaap Streefkerk p; Bob Jacquillard b; Jackie Tunis dr; Peter Plum voc.

a. E3840 *Home Town Boogie* (PP voc)
Elite-Special(CH)4701; LP 6318

b. E3841 *Blow My Blues Away* (PP voc)
*Ole Buttermilk*
Elite-Special(CH)LP 6318

**EDDIE BRUNNER SEPTETT**
27.2.1948, Basel (CH):
Alberto Quarella tp; Ernst Höllerhagen cl, as; Eddie Brunner ts; Hans »Buddy« Bertinat p; Bertalan Bujka g; Gene Favre b; Paul »Polly« Guggisberg dr.

a. E3822 *Near You*
Elite-Special(CH)47699
b. E3823 *The Lady From 29 Palms*
c. E3824 *That's My Desire*
Elite-Special(CH)4700
d. E3825 *On The Avenue*

**THE THREE PETERS SISTERS**
**WITH EDDIE BRUNNER SEXTETT**
10.5.1948, Basel (CH):
Mattie Peters, Annie Peters, Virginia Peters voc; Alberto Quarella tp; Ernst Höllerhagen cl, as; Eddie Brunner ts; Buddy Bertinat p; Bertalan Bujka g; Paul »Polly« Guggisberg dr.

a. E3881 *Toolie Oolie Doolie*
Austroton(A)SS58191

**ERNST HÖLLERHAGEN QUARTETT**
11.1948, Genf (CH):
Ernst Höllerhagen cl; Jaap Streefkerk p; Bob Jacquillard b; Stuff Combe dr; Peter Plum voc.

a. 4169 *Just You Just Me*
Elite-Special(CH)8890
b. 4170 *Tambourine*
c. 4171 *Last Night* (PP voc)
Elite-Special(CH)8891
d. 4172 *What Is This Thing Called Love*

# 1949

## EDDIE BRUNNER AND HIS ORCHESTRA

1949, unknown place (CH):
unidentified personnel, poss. incl. Ernst Höllerhagen cl, as.

| | |
|---|---|
| a. 4239 | *There's Yes! Yes! In Your Eyes* |
| | Elite-Special(CH)8913 |
| b. 4240 | *Again* |
| c. 4241 | *unknown title* |
| | unissued/lost |
| d. 4242 | *unknown title* |
| | unissued/lost |
| e. 4243 | *Kiss Me Sweet* |
| | Elite-Special(CH)8915 |
| f. 4244 | *I Don't See Me In Your Dreams* |

## HAZY OSTERWALD ORCHESTER

20.6.1949, Zürich(CH):
Hazy Osterwald, Enzo Bellini, Willy Vaterlaus tp; Tommy Bruderer tb; Ernst Höllerhagen cl, as; Michel Eberhard ts; Hank Martin cl, ts; Henry Adler bs; Jaap Streefkerk p; Bob Jacquillard b; Jackie Tunis dr; Peter Plum voc, Jackie Kern voc.

| | |
|---|---|
| a. E4175 | *Qui Sait, Qui Sait? Relax-Quizas* (PP voc) |
| | Austroton(A)58893 |
| b. E4176 | *Panama* (JK voc) |

## GILBERTO CUPPINI / HAZY OSTERWALD

11.10.1949 Mailand (I):
Hazy Osterwald tp; Ernst Höllerhagen cl; Flavio Ambrosetti as; Francis Coppieters p; Toots Thielemans g; Sunny Lang b; Gilberto Cuppini dr.

| | |
|---|---|
| a. OBA-7093 | *Perdido pt.1* |
| | HMV(I)HN2594 |
| b. OBA-7094 | *Perdido pt. 2* |

# 1950

**EDDIE BRUNNER QUINTETT**
1950 unknown location (CH):
unidentified personnel, poss. incl. Ernst Höllerhagen cl; as.

a. CZ2175 *Through A Sleepless Night*
Columbia(CH)ZZ1310
b. CZ2176 *Jealous Heart*
c. CZ2177 *Bibbidi-Bobbidi-Boo*
Columbia(CH)ZZ1311
d. CZ2178 *Dear Hearts And Gentle People*
Columbia(CH)ZZ1309
e. CZ2179 *Fiddle Dee Dee*
Columbia(CH)ZZ1311
f. C2180 *Molly*
Columbia(CH)ZZ1309

**HAZY OSTERWALD SEXTETT**
20.3.1950, Milano (I) :
Hazy Osterwald tp, vib; Ernst Höllerhagen cl. as; Francis Coppieters p; Piere Cavalli g; Sunny Lang b; John Ward dr.

a. M3161C *It Could Happen To You*
Musica (I)3135
b. M3162B *Boppin' The Doge*
c. M6163D *Father And Sons*
Musica (I)3137
d. M3164D *C'est Si Bon*

## 1952

**HAZY OSTERWALD SEXTETT**
Dezember 1952, Basel (CH):
Hazy Osterwald tp, vib; Ernst Höllerhagen cl, as; Dennis Armitage ts; Curt Prina p, vib; Sunny Lang b; John Ward dr.

| | |
|---|---|
| a. 4953 | *Delicado* |
| | Elite-Special(CH9139 |
| b. 4954 | *Choo-Choo Boogie* |
| c. 4955 | *Pluto* |
| d. 4956 | *Yes, We Have No Bananas* |

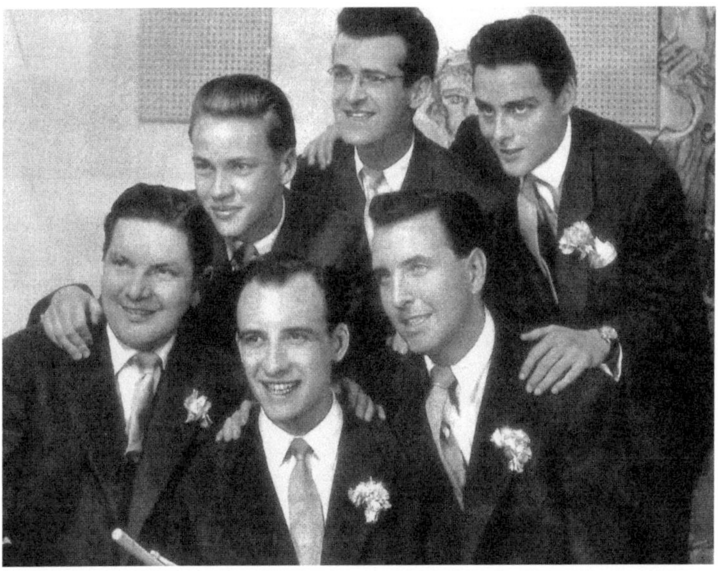

*Das Hazy Osterwald Sextett 1949 mit (im Uhrzeigersinn): Ernst Höllerhagen, Pierre Cavalli, Hazy Osterwald, Francis Burger, Sunny Lang, Gil Cuppini*

# 1953

**HAZY OSTERWALD SEXTETT**
2.9.1953 Hamburg (D):
Hazy Osterwald tp, vib; Ernst Höllerhagen cl, as; Dennis Armitage ts; Curt Prina p, vib; Sunny Lang b, voc; John Ward dr.

| | |
|---|---|
| a. H311 | *Ja, Die Mädchen Von Mexico* |
| | Austroton(A)5205 |
| b. H312 | *Siboney* (SL voc) |
| c. 5155 | *Broadway Boogie* |
| | Austroton(A)5206 |
| d. 5156 | *Der Lieblingspolizist* |
| e. H319 | *Scandinavian Express* |
| | Austroton(A)5209 |
| f. H320 | *I Know That You Know* |

**HAZY OSTERWALD SEXTETT**
15.12.1953, Basel (CH):
Hazy Osterwald tp, vib; Ernst Höllerhagen cl, as; Dennis Armitage ts; Curt Prina p, vib; Sunny Lang b; John Ward dr.

| | |
|---|---|
| a. 5885 | *A Woman Talks* |
| | Brunswick(EUR)82832 |
| b. 5886 | *Anything Goes* |

# 1954

**HAZY OSTERWALD SEXTET**
1954, Basel (CH):
Hazy Osterwald tp,vib; Ernst Höllerhagen cl, as; Dennis Armitage ts; Curt Prina p, vib; Sunny Lang b; John Ward dr.

| | |
|---|---|
| a. | *Six Kicks* |
| | Ex-Libris(CH)GC603 |
| b. | *St. Louis Blues* |
| c. | *Headache* |
| d. | *Bach Goes To Town* |
| e. | *Undecided* |
| f. | *Stardust* |
| g. | *Jump Easy* |
| h. | *Cherokee* |
| | all tracks also on Opera-3401 |

**HAZY OSTERWALD SEXTET**
31.3.1954, Basel (CH):
Hazy Osterwald tp,vib; Ernst Höllerhagen cl, as; Dennis Armitage ts, perc; Curt Prina p, vib; Sunny Lang b; John Ward dr.

| | |
|---|---|
| a. 5887 | *Ernie* |
| | Brunswick(EUR)82857 |
| b. 5888 | *The Mambo Trot* |

# 1955

**HAZY OSTERWALD SEXTET**
10.-11.12.1955, Basel (CH):
Hazy Osterwald tp, vib; Curt Prina tb, acc, vib; Ernst Höllerhagen cl, as; Dennis Armitage cl, ts,p; Sunny Lang b; John Ward dr.

| | |
|---|---|
| a. | *Quatre Mains Vibes* |
| | Bally(CH)BAL-12004 |
| b. | *Riding Boots* |
| c. | *Lovely Thoughts* |
| d. | *Line Up* |
| e. | *Royal Flush* |
| f. | *The Trailer* |
| g. | *Butch* |
| h. | *Swiss Air* |
| i. | *Take Two* |
| j. | *Tired Cats* |
| k. | *Marmaduke* |
| l. | *Trout In Blue* |
| | a.,b.,c.,d. Also on Oriole EP7015 |
| | a.,d.,f.,h. Also on Bertelsmann(D)66007 |
| | a.,d.,f.,h. Also on Manhattan 66027C |
| | e.,f.,k.,l. Also on Columbia-ESDF1181 |

## Abkürzungen

| | |
|---|---|
| acc | Akkordeon |
| arr | Arrangement |
| as | Altsaxophon |
| b | Baß |
| b-cl | Baßklarinette |
| bj | Banjo |
| bs | Baritonsaxophon |
| cel | Celesta |
| cl | Klarinette |
| co | Kornett |
| comp | Komposition |
| dr | Schlagzeug |
| fl | Flöte |
| g | Gitarre |
| ld | Leader |
| mandolin | Mandoline |
| org | Orgel |
| p | Klavier |
| perc | Percussion |
| sax | Saxophone |
| ss | Sopransaxophon |
| tb | Posaune |
| tp | Trompete |
| ts | Tenorsaxophon |
| tu | Tuba |
| v | Violine |
| vib | Vibraphon |
| vc | Cello |
| voc | Gesang |
| xyl | Xylophon |

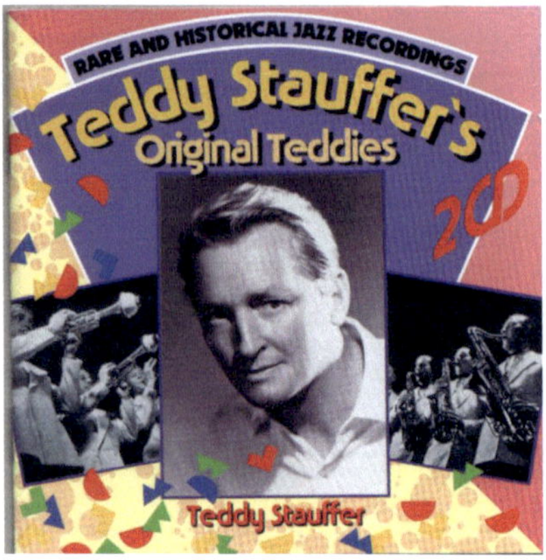


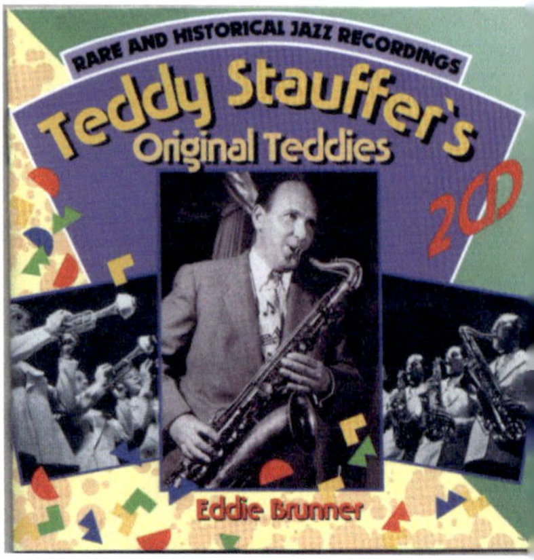


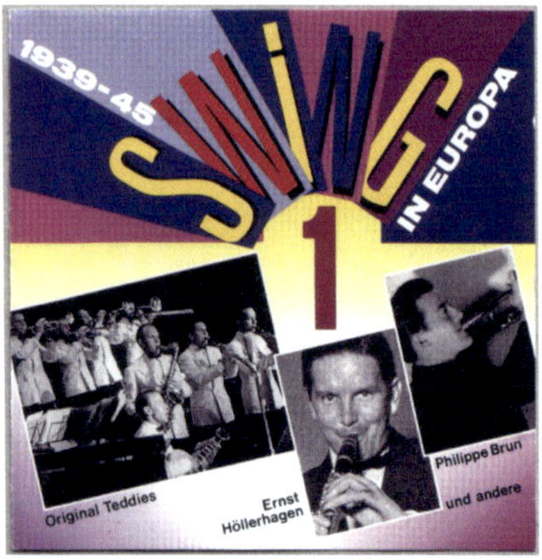


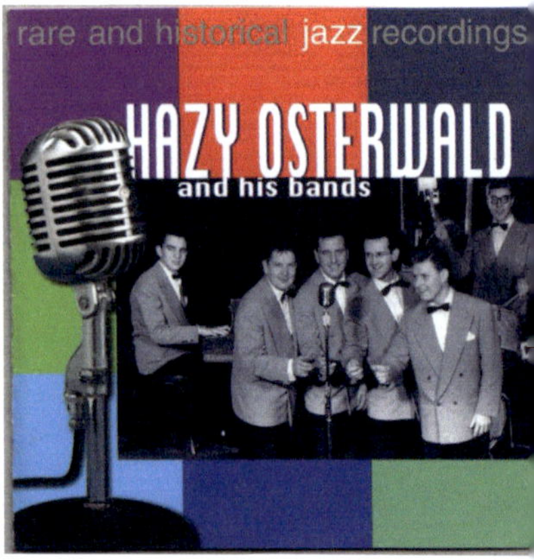


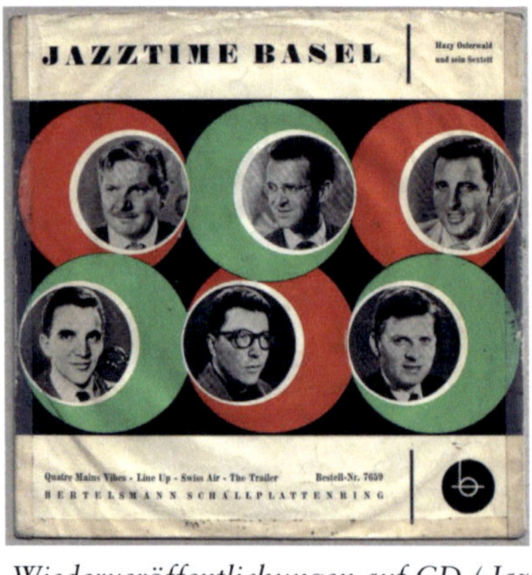


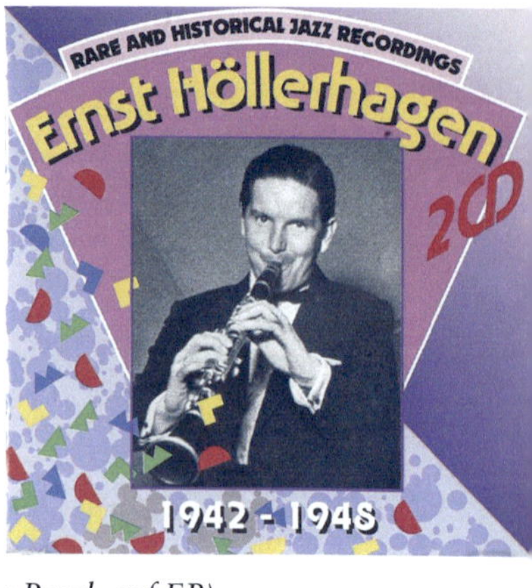


*Wiederveröffentlichungen auf CD (›Jazztime Basel‹ auf EP)*

# Personen- und Sachregister

## A



## B

## C

**D**

## E



## F

## G



## H

## I



## J



## K

## L

## M



## N



## O

## P



## Q

## R



## S

## T



## V

## W



## Z

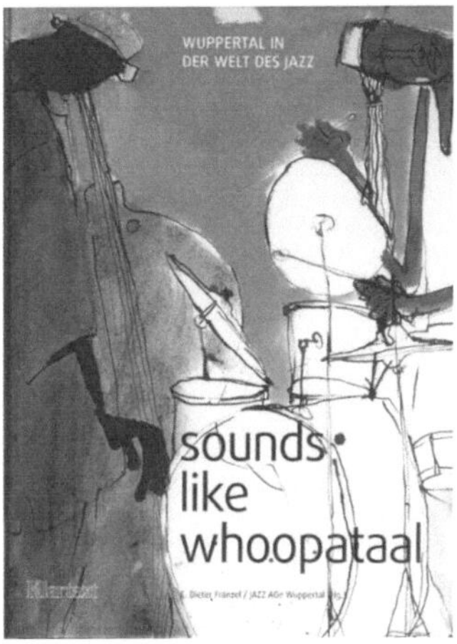

E. Dieter Fränzel / Rainer Widmann / JAZZ AGe Wuppertal
**Sounds like Whoopataal**
Wuppertal in der Welt des Jazz
Klartext Verlag
336 S. zahlr. farb. Abb. mit CD,
34.90 Euro
ISBN 978-3-89861-466-5

Dass Wuppertal eines der wichtigsten Zentren der Improvisierten Musik wurde, ist in der Welt des Jazz kein Geheimnis. Schlüsselfiguren für diese Entwicklung waren der Saxophonist Peter Brötzmann, der Bassist Peter Kowald und der Gitarrist Hans Reichel, die weltweit Anerkennung gefunden haben.
Im Thalia, einem beliebten Variete-Theater, gaben Louis Armstrong, Josephine Baker und Stan Kenton legendäre Gastspiele. Die Namen der Stars, die in Wuppertal konzertierten, lesen sich wie das »Who is who« des Jazz. Ernst Höllerhagen, der »deutsche Benny Goodman«, und der Sänger und Pianist Wolfgang Sauer sind herausragende Protagonisten des Jazz, die selbst aus Wuppertal stammen.
Sounds like Whoopataal: Das sind erlebte Jazz-Geschichten von den zwanziger Jahren bis heute. Wuppertal in der Welt des Jazz: Das ist auch Teil einer regionalen Kultur- und Musik-Geschichte, die bislang im Verborgenen lag.
Musikerportraits, Beiträge von namhaften Autoren und Erinnerungen von Zeitzeugen vermitteln ein eindrucksvolles Bild der Wuppertaler Jazz-Szene. Fotos, Zeichnungen und Dokumente illustrieren die Jazz-Geschichten. Die beigefügte CD zum Buch nimmt den Hörer mit auf eine Zeitreise durch die Wuppertaler Jazz-Geschichte.

Heiner Bontrup
**Der Abend kommt als Kubist**
Eine italienische Reise.
Mit farbigen Bildern von Ulle Hees
NordPark Verlag
2010; 76 S.; EUR 16,80
ISBN: 978-3-935421-60-7

Ein Mann, eine Frau. Eine Frau, ein Mann. Die älteste Geschichte der Welt. Zuweilen die schönste. Öfter die traurigste. Noch häufiger die schönste und die traurigste zugleich. Hier wird sie eingetaucht in das Licht Liguriens. Die italienischen Riviera und ihr hügeliges Hinterland bilden die Kulisse für eine abenteuerliche Reise in das je eigene und wahre Ich der beiden Protagonisten.

Hans Werner Otto:
**Gott wird uns schon nicht kriegen.**
Roman.
2010; 252 S.; EUR 16,00
ISBN: 978-3-935421-65-2

»Gott wird uns schon nicht kriegen« erzählt von Vätern und Söhnen, vom Erwachsenwerden in den siebziger Jahren, vom Freund, der plötzlich verschwindet, und von den Freunden, die er zurücklässt.
Hans Werner Otto unverwechselbarer Sprachstrom diesmal nicht in kurzen Erzählungen, sondern in einem schwebenden und fesselnden Roman über eine Stadt, eine Zeit und junge Menschen, die sich zurechtzufinden versuchen in einer sich neu bildenden Gesellschaft.